Estado, governo e administração pública

COLEÇÃO  PRÁTICAS DE GESTÃO

Série
Gestão Pública

Estado, governo e administração pública

Marco Antonio Carvalho Teixeira

Copyright © 2012 Marco Antonio Carvalho Teixeira

Direitos desta edição reservados à
Editora FGV
Rua Jornalista Orlando Dantas, 37
22231-010 | Rio de Janeiro, RJ | Brasil
Tels.: 0800-021-7777 | 21-3799-4427
Fax: 21-3799-4430
editora@fgv.br | pedidoseditora@fgv.br
www.fgv.br/editora

Impresso no Brasil | *Printed in Brazil*

Todos os direitos reservados. A reprodução não autorizada desta publicação,
no todo ou em parte, constitui violação do copyright (Lei nº 9.610/98).

Os conceitos emitidos neste livro são de inteira responsabilidade do(s) autor(es).

1ª edição — 2012; 1ª reimpressão — 2014

Revisão de originais: Natalie Lima
Projeto gráfico e editoração eletrônica: Flavio Peralta / Estudio O.L.M.
Revisão: Aleidis de Beltran e Fátima Caroni
Capa: aspecto:design
Imagem da capa: © Bevanward | Dreamstime.com

Ficha catalográfica elaborada pela
Biblioteca Mario Henrique Simonsen/FGV

Teixeira, Marco Antonio Carvalho

     Estado, governo e administração pública / Marco Antonio Carvalho Teixeira. — Rio de
Janeiro : Editora FGV, 2012.
     128 p. – (Coleção Práticas de Gestão. Série Gestão Pública)

     Inclui bibliografia.
     ISBN: 978-85-225-0976-8

     1. Estado. 2. Administração pública — Brasil. 3. Políticas públicas — Brasil. I.
Fundação Getulio Vargas. IV. Título. V. Série.

                                        CDD – 353

Sumário

Apresentação 7

Capítulo 1. Estado, poderes do Estado e relações entre o Estado e a sociedade . . 9

Estado: conceito e evolução histórica 9
Formas históricas de Estado 11
   O Estado absoluto 11
   O Estado liberal 13
   O Estado liberal-democrático 15
   O Estado social-democrático 16
   O Estado social-liberal e republicano 17
Formas e sistemas de governo 20
   O parlamentarismo 24
   O presidencialismo 27
   O semipresidencialismo 30

Capítulo 2. Democracia, poderes do Estado e controle social no Brasil 33

Por que controle? 33
   Controle da sociedade sobre si mesma 36
   Controle da sociedade sobre o Estado ou controle social 38
   O controle social na Constituição Brasileira de 1988 39
   Formas de controle da sociedade sobre o Estado 40
Controle pelos poderes do Estado ou controle horizontal 45
   Controle interno ou controles do Estado sobre si mesmo 45
   O Poder Legislativo 49
   O Poder Judiciário 51
   O Tribunal de Contas 53
Controle do Estado sobre a sociedade 56

**Capítulo 3. Desenvolvimento da administração pública
no Brasil e relações intergovernamentais** 59

Federalismo e pacto federativo no Brasil 59
   Federalismo: origem e desenvolvimento 59
   O federalismo brasileiro 60

Administração pública brasileira: da Primeira República ao golpe militar de 1964 . 62

Balanço do federalismo entre a Primeira República e o regime militar. 65

A administração pública brasileira pós-1988 66

Os consórcios como alternativa de cooperação entre municípios 70

Breves considerações. 74

A distribuição de poder e competências por nível de governo 75

Estrutura da administração pública no Brasil 79

Administração direta 83

Administração indireta 84

Considerações finais 90

Capítulo 4. Participação e controle social no Brasil 91

Introdução 91

Participação eleitoral no Brasil: da Primeira
República ao regime militar 92

Considerações finais 100

Anexo 100

Constituição de 1988: a participação para além do voto 100

Plebiscito, referendo e iniciativa popular 105

Conselhos de políticas públicas 107

As ouvidorias 111

Ouvidoria e controle social do Tribunal de Contas da União (TCU) 114

Evolução do processo de participação eleitoral 117

Considerações finais 119

Bibliografia 121

Sobre o autor 127

Apresentação

Este livro faz parte da Coleção Práticas de Gestão, coletânea das disciplinas que compõem os cursos Superiores de Tecnologia da Fundação Getulio Vargas, oferecidos a distância pelo FGV Online.

A FGV é uma instituição de direito privado, sem fins lucrativos, fundada em 1944, com o objetivo de ser um centro voltado para o desenvolvimento intelectual do país, reunindo escolas de excelência e importantes centros de pesquisa e documentação focados na economia, no direito, na matemática, na administração pública e privada, bem como na história do Brasil.

Nesses mais de 60 anos de existência, a FGV vem gerando e transmitindo conhecimentos, prestando assistência técnica a organizações e contribuindo para um Brasil sustentável e competitivo no cenário internacional.

Com espírito inovador, o FGV Online, desde sua criação, marca o início de uma nova fase dos programas de educação continuada da Fundação Getulio Vargas, atendendo não só aos estudantes de graduação e pós-graduação, executivos e empreendedores, como também às universidades corporativas que desenvolvem projetos de *e-learning*, e oferecendo diversas soluções de educação a distância, como videoconferência, TV via satélite com IP, soluções *blended* e metodologias desenvolvidas conforme as necessidades de seus clientes e parceiros.

Desenvolvendo soluções de educação a distância a partir do conhecimento gerado pelas diferentes escolas da FGV – a Escola Brasileira de Administração Pública e de Empresas (Ebape), a Escola de Administração de Empresas de São Paulo (Eaesp), a Escola de Pós-Graduação em Economia (EPGE), a Escola de Economia de São Paulo (Eesp), o Centro de Pesquisa e Documentação de História Contemporânea do Brasil (Cpdoc), a Escola de Direito do Rio de Janeiro (Direito Rio), a Escola de Direito de São Paulo (Direito GV), o Instituto Brasileiro de Economia (Ibre) e a Escola de Matemática Aplicada (eMap), o FGV Online é parte integrante do Instituto de Desenvolvimento Educacional (IDE), criado em 2003, com o objetivo de coordenar e gerenciar uma rede de distribuição única para os produtos e serviços educacionais produzidos pela FGV.

Em parceria com a Ebape, o FGV Online iniciou sua oferta de cursos de graduação a distância em 2007, com o lançamento do Curso Tecnológico em Processos Gerenciais. Em 2011, o curso obteve o selo CEL – teChnology-Enhanced Learning Accreditation – da *European Foundation for Management Development* (EFMD), certificação internacional baseada em uma série de indicadores de qualidade. Hoje, a graduação a distância oferecida pelo FGV Online é a única no mundo a ter sido certificada pela EFMD-CEL.

Em 2012, o portfólio de cursos superiores a distância aumentou significativamente. Além do Curso Superior de Tecnologia em Processos Gerenciais, novos cursos estão sendo oferecidos: Curso Superior de Tecnologia em Gestão Comercial, Curso Superior de Tecnologia em Gestão Financeira, Curso Superior de Tecnologia em Gestão Pública, Curso Superior de Tecnologia em Gestão de Turismo, Curso Superior de Tecnologia em Marketing.

Ciente da relevância dos materiais e dos recursos multimídia em cursos a distância, o FGV Online desenvolveu os livros que compõem a Coleção Práticas de Gestão com o objetivo de oferecer ao estudante e a outros possíveis leitores conteúdos de qualidade, trabalhados com o objetivo de proporcionar uma leitura fluente e confortável.

A coleção foi elaborada com a consciência de que seus volumes ajudarão o leitor – que desejar ou não ingressar em uma nova e enriquecedora experiência de ensino-aprendizagem, a educação a distância (EAD) – a responder, com mais segurança, às mudanças tecnológicas e sociais de nosso tempo, bem como a suas necessidades e expectativas profissionais.

Prof. Clovis de Faro
Diretor do Instituto de
Desenvolvimento Educacional

Prof. Flávio Vasconcelos
Diretor da Ebape – FGV

Prof. Carlos Osmar Bertero
Diretor acadêmico do Instituto
de Desenvolvimento Educacional

Prof. Stavros Panagiotis Xanthopoylos
Diretor executivo do FGV Online

Capítulo 1

Estado, poderes do Estado e relações entre o Estado e a sociedade

Neste capítulo, serão trabalhadas questões concernentes ao Estado, bem como ao relacionamento deste com a população brasileira; paulatinamente, a evolução histórica do Estado, suas responsabilidades e suas formas e sistemas de governo serão redesenhados nestas páginas. Onipresente em nosso dia a dia, o Estado se faz sentir, direta ou indiretamente, em diferentes contextos, tanto na prestação de serviços quanto na delegação destes a terceiros, caso em que se fará presente entre nós por meio da *regulação*, cuja finalidade é garantir à população a qualidade dos serviços prestados por outrem. Encerra o capítulo o estudo das formas e dos sistemas de governo, assunto de interesse capital para nós, que, hoje, temos representantes eleitos pelo voto direto.

Estado: conceito e evolução histórica

O que é o Estado? Como se originou? Para que serve? Tais indagações sempre surgem quando a temática vem à tona.

Muitas vezes, as respostas são dadas de forma evasiva, como se o Estado fosse algo deslocado do nosso dia a dia e não respondesse por questões indispensáveis ao ser humano.

Não se enfatiza a onipresença do Estado em nossa vida e em tudo o que a ela se refere, desde o nascimento de alguém à realização de negócios, dentre tantas outras situações.

Ou seja, o Estado se faz presente em todos os lugares onde estamos, na medida em que é ele que regula não apenas o nosso cotidiano, como também as atividades econômicas.

> **CONCEITO-CHAVE**
>
> O Estado, na sua concepção moderna e democrática, pode ser interpretado como uma autoridade soberana que nasceu simultaneamente ao processo de organização da sociedade e se destina a garantir que as relações sociais sejam baseadas em regras preestabelecidas, independentemente de qualquer força, física ou econômica, origem étnica ou crença religiosa.

Naturalmente, estamos considerando democracia não apenas como o direito ao voto mas também como a possibilidade de influenciar as decisões do Estado de diferentes formas.

A existência do Estado se afirma num determinado espaço territorial onde se reúne um contingente populacional ligado por laços comuns como língua, cultura, religião, entre outros.

É nesse espaço que o Estado:

- exerce autoridade legal sobre os habitantes;
- define o que pode e o que não pode ser feito;
- protege seus limites territoriais e interesses em relação aos de outros Estados.

Para tanto, o Estado detém o monopólio da violência legítima – a força policial – para utilizá-la em defesa da ordem pública e da integridade do território.

Na forma atual, o Estado está dividido em três poderes:

- Executivo, também conhecido como "governo", que se encarrega de administrar a máquina pública, prover de serviços a sociedade e proteger os cidadãos;
- Legislativo, cuja função é produzir ou modificar leis e fiscalizar os atos do governo em nome da sociedade;
- Judiciário, que tem como função resolver os conflitos de interesse das pessoas em cada caso concreto por meio de um processo judicial.

> **COMENTÁRIO**
>
> Na sua ausência, imperaria a força e a violência, que acabariam se transformando em instrumentos de mediação da convivência social como forma de suprir a ausência ou a fragilidade das instituições estatais.

Mas o Estado não chegou ao estágio atual de uma hora para outra. Passou por diferentes formatos desde a sua origem.

ESTADO, PODERES DO ESTADO E RELAÇÕES ENTRE O ESTADO E A SOCIEDADE | **11**

Formas históricas de Estado

Para que se chegasse à forma atual, o Estado passou por diferentes processos de desenvolvimento.

Esses processos foram se adequando:

- às transformações sociais e econômicas;
- às mudanças de regime político;
- à universalização de direitos fundamentais dos cidadãos, como os direitos civis, sociais e políticos.

Tais transformações também moldaram a forma de gerir os recursos públicos e de o Estado se relacionar com a sociedade (Bresser-Pereira, 2009).

O quadro abaixo sintetiza os diferentes tipos históricos de Estado.

QUADRO 1: TIPOS HISTÓRICOS DE ESTADO
E SEUS RESPECTIVOS GERENCIAMENTOS

Estado de acordo com o regime político	Estado de acordo com a forma de administração	Tipo correspondente de democracia
Estado absoluto	Administração patrimonial	—
Estado liberal	Administração pública burocrática	—
Estado liberal-democrático	Administração pública burocrática	Democracia liberal ou elitista
Estado social-democrático (do bem-estar social)	Administração pública burocrática	Democracia social ou pluralista
Estado social-liberal republicano	Gestão pública	—

Fonte: Bresser-Pereira (2009:35).

A leitura do quadro 1 permite verificar o quanto o Estado modificou-se ao longo do tempo, tendo sido influenciado por fatores sociais e econômicos e pela ampliação dos direitos de cidadania.

Essa influência também repercutiu diretamente na forma de o Estado ser administrado e alterou o tipo de democracia correspondente a cada forma de Estado, de modo a incluir cada vez mais pessoas nos processos de participação política.

O Estado absoluto

O Estado absoluto se caracterizou pela total concentração de poder nas mãos da autoridade, no caso o monarca.

Este não apenas respondia pela administração dos negócios públicos como geralmente produzia leis e exercia o papel de juiz quando necessário.

O monarca se confundia com o próprio Estado na medida em que ele era o soberano e não havia qualquer instituição a que os cidadãos pudessem recorrer para exercer o direito de contestação ou para invalidar os atos do governante.

Em situações dessa natureza, prevalecia uma administração patrimonial como forma de gerir o Estado, já que inexistia uma demarcação clara entre o que era bem público (propriedade pública) e o que era patrimônio pessoal da autoridade constituída (monarca). Na prática, o Estado era considerado um patrimônio da família real.

> **COMENTÁRIO**
>
> Em consequência, uma vez que as decisões públicas eram impostas de cima para baixo, não havia democracia.
>
> Os interesses do monarca estavam acima de qualquer outro interesse e, na maioria das vezes, eram apresentados como se fossem fruto da vontade geral.

Na prática, tínhamos um governo tirânico, em que todos os poderes estavam reunidos nas mãos de uma mesma pessoa.

Evitar a tirania era uma preocupação presente nas reflexões de Montesquieu, que se voltou para contestar o poder absoluto.

Para ele, a separação de poderes poderia se constituir numa forma de controle sobre os atos dos governantes e também como um modo de evitar o surgimento de governos tirânicos.

Baseado na experiência com governos absolutistas, Montesquieu (1973:157) chama a atenção para os riscos de uma mesma pessoa legislar, executar as leis e julgar:

> Quando na mesma pessoa ou no mesmo corpo de magistratura o poder legislativo está reunido ao poder executivo, não existe liberdade, pois se pode temer que o mesmo monarca ou o mesmo senado estabeleçam leis tirânicas para executá-las tiranicamente.

Tais preocupações marcam não apenas uma crítica contundente ao Estado absoluto como também representam a preocupação em ampliar a existência de instrumentos de controle sobre o Estado e os governantes. Com isso, era esperado que a tirania não se impusesse novamente à sociedade.

Durante a convenção de Filadélfia, os federalistas americanos produziram diversos textos no momento em que se discutia a união das 13 ex-colônias inglesas e a consequente independência e fundação dos Estados Unidos da América.

Esses textos também traziam essa preocupação.

Os constitucionalistas Madison e Hamilton (1973:137), ao enfatizarem a inevitabilidade dos meios de controle para evitar a tirania, afirmam que: "Se anjos governassem homens, não haveria necessidade de meio algum externo ou interno para regular a marcha do governo. Se os homens fossem anjos, não haveria necessidade de governo".

COMENTÁRIO

Regular os limites das ações do governo e estabelecer regras comuns a todos os membros da sociedade, para garantir a liberdade individual das pessoas, marcam o ingresso da sociedade no Estado liberal.

O Estado liberal

A decadência do absolutismo abriu espaço para um debate intelectual voltado para a construção de instrumentos que pudessem garantir os avanços políticos conquistados com a derrocada do absolutismo.

Para isso, foi preciso criar instituições políticas que sustentassem a desconcentração de poder e, em consequência, evitassem o risco do retorno à tirania.

Assim, um dos primeiros passos foi fazer com que os poderes do Estado – Executivo, também conhecido como governo –, Legislativo e Judiciário passassem a ser geridos por pessoas diferentes, o que ia ao encontro da preocupação de Montesquieu. Desse modo, a chegada do Estado liberal representou o ingresso da sociedade no chamado estado de direito.

Passou a valer o princípio de que todos deveriam estar submetidos às mesmas leis, inclusive as autoridades do governo. Para tanto, as leis passaram a ser elaboradas por um corpo de legisladores eleitos para assumir essa atribuição – os parlamentares.

Um dos principais expoentes do pensamento político liberal, John Locke (1973), enfatizava a necessidade de controlar as ações do governo.

Preocupado, Locke (1973) afirma que:

> Todo o poder que o governo tem destina-se tão só ao bem da sociedade.
>
> Se esse poder, por um lado, não deve ser arbitrário ou caprichoso, por outro, deve também ser exercido mediante leis estabelecidas e promulgadas. Isso para que não só os homens possam saber qual é o seu dever, pois, assim, se acharão garantidos e seguros dentro dos limites das leis, como também para que os governantes, mantidos dentro desses limites, não fiquem tentados pelo poder que têm nas mãos. Assim limitados, os governantes não empregariam esse poder para fins [...] que os homens não tivessem conhecimento nem aprovassem de boa vontade.

Portanto, o Estado liberal marca o ingresso no século XVIII, na era dos direitos civis.

Esse controle era necessário para que o Estado não exercesse o poder para além de suas atribuições – o que ocorreu no período do absolutismo inglês antes da Revolução Gloriosa – e o Executivo efetivamente se limitasse à defesa da propriedade privada e à proteção da vida e da liberdade dos indivíduos. Esses direitos estavam inicialmente vinculados às garantias da propriedade, da liberdade e da proteção à vida e, portanto, contrapunham-se à tirania do Estado absoluto.

O liberalismo político conseguiu promover mudanças significativas na forma de o Estado ser administrado. Começaram, então, as reformas do serviço público.

Essas reformas proporcionaram o acesso por mérito (concurso público) a cargos públicos e deram início à construção de uma administração pública burocrática, em detrimento das relações clientelistas e patrimonialistas que até então marcavam o serviço público.

A administração burocrática (Weber, 1971) representou uma ruptura com o modelo patrimonial ao se orientar pela criação de procedimentos para o acesso a cargos públicos.

Para tanto, adotaram-se princípios norteadores baseados em regras impessoais; entre eles, podemos destacar:

- o recrutamento por concurso público com critérios técnicos previamente definidos;
- a perspectiva de carreira profissional;
- a submissão a uma hierarquia de funções;
- a adoção do princípio da impessoalidade no desenvolvimento das atividades.

As regras passaram a substituir o dever de lealdade ao monarca, ou ao senhor, no desempenho das atividades profissionais.

Segundo Bresser-Pereira (2009), as revoluções de cunho constitucional e liberal (Gloriosa, norte-americana e a francesa) representaram uma dupla mudança: a primeira, com a construção de um estado de direito e, a segunda, com a reforma do serviço público.

> **COMENTÁRIO**
>
> Acrescente-se que não é possível identificar o tipo de democracia correspondente ao advento do Estado liberal.
>
> O direito de votar (e ser votado) ficou restrito aos proprietários de terra e à chamada "burguesia urbana", que se desenvolveu com o processo de industrialização.
>
> A população pobre de maneira geral, as mulheres e os negros não foram contemplados com esse direito. Dessa forma, apesar de liberal, o Estado ainda mantinha de maneira muito clara traços autoritários, já que incluía apenas uma pequena parcela da população nos processos de decisão política e continuava deixando à margem a maior parte das pessoas.

Nessa forma histórica, que prevaleceu até o final do século XIX, a função do Estado esteve limitada à proteção da propriedade privada e à garantia das liberdades individuais.

Apenas os grupos incluídos economicamente puderam usufruir dessa proteção.

Questões ligadas à universalização dos direitos políticos e à garantia de acesso a direitos sociais básicos, como saúde, educação e assistência social não fizeram parte das conquistas sociais obtidas nessa forma de Estado.

Entretanto, grupos de trabalhadores reivindicavam o direito ao voto e o estabelecimento de regras que garantissem mais dignidade nas relações de trabalho.

Essas reivindicações abririam espaço para mudanças no papel do Estado.

Nesse processo, começa a surgir o Estado liberal-democrático.

O Estado liberal-democrático

O Estado liberal-democrático, surgido durante a primeira metade do século XX, trouxe consigo uma mudança muito importante: a inclusão de mais pessoas no processo político por meio da extensão do direito de voto.

Essa inclusão deu início à entrada de temas importantes na agenda dos governos, todos ligados à reivindicação de direitos sociais – como a melhoria nas condições de trabalho e proteção aos indivíduos – para os trabalhadores.

Isso impactou tanto a agenda do Executivo quanto a do Legislativo.

Entretanto, o tipo de democracia permaneceu elitista, uma vez que a participação do conjunto da sociedade no processo político continuava limitada ao exercício do direito de voto.

> **COMENTÁRIO**
>
> Não havia, naquele momento, instrumentos de participação social que possibilitassem a interferência da sociedade no cotidiano do governo.

A forma de administração e o recrutamento dos servidores públicos permaneceram burocráticos. Esse enquadramento nos parâmetros burocráticos alcançou diferentes estados, como Alemanha, França, Inglaterra e Estados Unidos.

O objetivo era fazer frente ao clientelismo e ao patrimonialismo, que, de diferentes maneiras, ainda se faziam presentes nesses estados, determinando o funcionamento do setor público e do recrutamento de pessoal.

A reforma do serviço público foi se consolidando ao longo do tempo (do século XIX à primeira metade do século XX) por meio de ajustes em diferentes países, e em épocas distintas. Essas reformas foram feitas tanto por negociação política, como ocorreu na Inglaterra, nos Estados Unidos e na Alemanha, quanto também por imposição do governo de Napoleão Bonaparte, na França.

O Estado social-democrático

O Estado social-democrático, consolidado na segunda metade do século XX, representa, sobretudo, uma ampliação significativa do que era entendido como o papel do Estado.

Além das questões ligadas à proteção da propriedade, à garantia da vida e da liberdade individual, entra em cena um conjunto de direitos sociais para promover a igualdade de oportunidades entre as pessoas, por meio do oferecimento de serviços públicos de saúde e educação, entre outros. São criados também mecanismos de proteção social para aqueles que porventura estejam com dificuldades para sobreviver em razão da perda de emprego.

O tipo burocrático de administração ainda permaneceu em franco desenvolvimento. E, em relação ao tipo de democracia, a visão elitista cedeu lugar à social-pluralista, já que diferentes setores da sociedade conquistaram o direito de interferir nos debates públicos e, assim, influenciar ainda mais a atuação do Estado.

O voto deixou de ser o único instrumento de expressão da vontade política da sociedade.

Surgiram:

- organizações sindicais;
- diferentes tipos de associações;
- partidos políticos das mais variadas formas de representação ideológica;
- outros tipos de organizações que passaram a dar voz às reivindicações de diferentes setores da sociedade.

Com isso, mais pessoas puderam não apenas reivindicar direitos, mas também apresentar à sociedade indivíduos capacitados para disputar o processo eleitoral – tanto para o Executivo quanto para o Legislativo – e, assim, ampliar a atuação desses dois poderes.

Ou seja, ampliaram seu raio de ação no processo reivindicatório para questões propositivas junto aos poderes do Estado.

O Estado social-liberal e republicano

CONCEITO-CHAVE

No final do século XX (e agora, no século XXI), predominantemente no mundo ocidental, o Estado passou por diferentes reconfigurações e ganhou a denominação "social-liberal" e "republicano".

Social-liberal porque mantém os princípios de proteção à propriedade e à liberdade individual para garantir a segurança das pessoas.

Além disso, amplia os mecanismos de proteção social por meio de um conjunto de medidas que visa proteger o emprego das pessoas ou, então, prover com algum tipo de renda aqueles que, por alguma razão, estejam privados de trabalho.

Instrumentos como seguro-desemprego, programas de transferência de renda e benefícios previdenciários são exemplos de iniciativas voltadas para a proteção social. Tais instrumentos foram concebidos em pleno Estado social-democrático e ganharam maior importância com o Estado social-liberal, dada a reconfiguração produtiva que alterou as relações de trabalho e impactou a qualidade de vida dos trabalhadores.

Comparada à forma de democracia praticada no Estado social-democrático, a democracia foi ampliada de maneira significativa e passou a ser identificada como "republicana" e "participativa". Para além dos instrumentos convencionais de reivindicação ou pressão sobre o Estado, desenvolveu-se a cultura de acompanhar o dia a dia do governo por meio de diferentes formas.

Assim, foram criados conselhos gestores de políticas públicas para fiscalizar a aplicação do dinheiro público e a eficiência de tais políticas, o que incluía denunciar maus governantes e influenciar o perfil das políticas públicas.

Os conselhos influenciaram as políticas públicas por meio de iniciativas como os orçamentos participativos – em que os cidadãos contribuíam para definir como o governo alocaria os recursos e quais ações seriam prioritárias – e pela reivindicação direta feita em diferentes espaços institucionais, como conferências setoriais e audiências públicas, entre outros formatos. Esse controle realizado de fora para dentro pelas diferentes organizações da sociedade é o que distingue essa forma de Estado – "republicana" – das demais.

Nesse processo de participação direta, o foco está no controle da alocação de recursos públicos para que estes sejam investidos nas questões consideradas *realmente* prioritárias para a realização do bem comum.

Para além de eleger governantes e representantes para o Legislativo por meio do voto, diferentes segmentos sociais perceberam a necessidade de controlar diretamente o uso do dinheiro público e se organizaram por meio da criação de associações.

COMENTÁRIO

Essas associações se especializaram em acompanhar os gastos dos governantes e das demais pessoas que ocupam algum tipo de cargo público no governo ou nas demais áreas do Estado.

O objetivo dessas associações era evitar desperdício de dinheiro público e impedir que tais recursos fossem apropriados para fins não públicos. É nesse contexto que também se revela a face republicana da atual forma de Estado. Ou seja, cada vez mais a sociedade busca acompanhar as atividades de todos os órgãos do Estado e interferir nelas.

O grande avanço é este: a população não se limita a eleger representantes para tomar decisões por ela.

Em muitas circunstâncias, essa decisão parte da própria sociedade, que ganhou capacidade de interferir em muitas ações do governo (ou das demais instituições do Estado), o que inclui, também, os poderes Legislativo e Judiciário.

Nessa forma de Estado, a administração e a prestação de serviços públicos se ampliam e passam a ir ao encontro da ideia de gestão pública, em que a satisfação do interesse público não é realizada *necessariamente* por uma entidade estatal, mas também pode sê-lo por:

- organizações não governamentais (ONGs);
- organizações sociais;
- empresas.

Naturalmente, o próprio Estado regulará e fiscalizará toda e qualquer ação dirigida à satisfação do interesse público. Ou seja, o Estado não "desaparece", como muitos desejariam ou imaginavam. Ele continua a existir sob a forma de:

- financiador de políticas públicas;
- regulador da prestação dos serviços;
- executor.

Nas situações em que cabe ao Estado prover os recursos e fiscalizar a prestação de serviços executados por terceiros, não significa que se abandonou a administração burocrática, que se caracteriza pela supremacia do mérito em detrimento das visões patrimonial e clientelista.

Muito pelo contrário, o que se busca com esse novo caminho é ampliar a noção de "público" e incluir a busca por padrões de eficiência na prestação do serviço público.

O mérito, a profissionalização, a hierarquia e a impessoalidade continuam sendo fatores indispensáveis para a constante melhoria do serviço público.

Entretanto, estamos falando basicamente do que se tornou o tipo ideal de Estado moderno, fundamentado na profissionalização, no mérito, na impessoalidade e na promoção da justiça social, para além das clássicas funções de protetor da vida e das liberdades individuais.

COMENTÁRIO

Não se pode negligenciar o fato de que convivem ainda, quase que simultaneamente, práticas modernas de Estado com comportamentos patrimoniais baseados em relações clientelistas.

Por isso, cada vez mais se faz necessária a existência de instrumentos e instituições de controle para garantir que a orientação republicana seja traduzida em comportamento por parte das autoridades públicas no momento de decidirem como e para quem os recursos públicos serão alocados.

Formas e sistemas de governo

Quando se fala em formas de governo, designa-se diretamente a maneira pela qual estão organizadas todas as relações entre a população e o Estado – sobretudo no que se refere à forma de atuação do governo.

Por essas relações transitam questões como:

- processo eleitoral;
- separação de poderes;
- atribuições das autoridades;
- soberania popular etc.

Ou seja, fala-se das organizações políticas em geral e de como estas interferem na distribuição de poder e de tudo o que se relaciona diretamente com a tomada de decisões que alcançam o cotidiano das pessoas, como a regulação da economia e a organização da vida social.

A diferença em relação ao sistema de governo é que este último se refere à compreensão de como:

- se estabelecem as relações entre as instituições políticas;
- as instituições políticas determinam a existência de mais – ou menos – poder para as autoridades públicas;
- a relação Estado/sociedade se organiza do ponto de vista eleitoral;
- a relação Estado/sociedade se organiza em relação aos controles institucional e social sobre o Estado;
- a relação Estado/sociedade se organiza em relação aos controles institucional e social do Estado sobre a sociedade.

As formas de governo, da mesma maneira que os tipos históricos de Estado, também foram sofrendo alterações ao longo do tempo.

Com isso, tornaram mais inclusiva a participação de todos os cidadãos, já que fatores como *economia*, *religião* e *direitos* foram sofrendo transformações até alcançar o princípio universal de que todas as pessoas são iguais independentemente da origem étnica, do poder econômico ou da crença religiosa.

Na experiência da democracia ateniense, eram considerados cidadãos apenas os homens proprietários e, portanto, eram eles que participavam do processo político para definir os rumos dessa cidade-Estado.

ESTADO, PODERES DO ESTADO E RELAÇÕES ENTRE O ESTADO E A SOCIEDADE | 21

Mulheres e escravos estavam praticamente naturalizados como não cidadãos, pois não tinham direitos políticos. Em Roma, a mulher e o escravo também foram excluídos de quaisquer direitos, sobretudo os políticos. Essa restrição fazia com que as decisões políticas tomadas por poucos acabassem sendo generalizadas para todos, como se fossem produto do interesse geral.

A exclusão política também implicava outra exclusão: a dos benefícios produzidos pelo Estado tanto sob a forma de criação de leis quanto por meio da ação em outros campos de atuação. Embora já houvesse avanços em termos de direitos políticos na medida em que existia, mesmo que precário, um processo eleitoral, o controle sobre a ação do Estado praticamente inexistia.

Por exemplo, vida pública e vida privada em Roma se misturavam. Paul Veyne (2002:103) destaca que os romanos

distinguiam mal funções públicas e dignidade privada; finanças públicas e bolsa pessoal. [...] A realidade da vida política estava na cooptação: o clube, que era o senado, decidia se um homem tinha o particular perfil social que o tornava admissível em seu seio e se traria sua cota ao prestígio coletivo que os membros desse clube dividiam entre si. Só que a cooptação não era efetuada diretamente pelo corpo de senadores: passava por uma das numerosas redes do clientelismo político. As funções públicas eram tratadas como dignidades privadas e o acesso a tais dignidades passava por um elo de fidelidade privada.

> **COMENTÁRIO**
>
> Obviamente que, em tal forma de governo, se manifestava uma feição autoritária quer sob o manto da monarquia absoluta, quer sob a égide de tiranias, inclusive com o nome de República, como ocorria no império romano.
>
> Aqui o sentido de "república" não tinha ligação com o ideal democrático de que todos governam em busca do bem comum. E o sentido de "monarquia" tinha, literalmente, o significado de "governo de uma única pessoa", dada a característica absoluta da autoridade.

Formas de governo com esse perfil geralmente levam a relações autoritárias com a sociedade.

Além disso, produzem benefícios diretos apenas para os grupos sociais ligados ao governante por interesses que são comuns a ambos, sejam econômicos, religiosos ou ideológicos.

Com a decadência do império romano e a consolidação do catolicismo como religião dominante no ocidente, a monarquia absoluta se manteve durante muito tempo como a forma de governo hegemônica na Europa.

Essa forma de governo se expandiu com o processo de colonização.

A relação autoritária prevaleceu como sendo a tônica das relações Estado/sociedade.

> **COMENTÁRIO**
>
> Essa relação suprimiu quaisquer avanços, em termos de direitos políticos, que tentaram fincar suas bases durante os períodos grego e romano.
>
> Verifica-se, dessa forma, de maneira mais extrema, a presença de um Estado Patrimonial sob o comando do monarca.
>
> Nele prevalecia a:
>
> - "vitaliciedade" (tempo de mandato do governante);
> - "hereditariedade" (forma de sucessão no poder);
> - "impossibilidade de responsabilização da autoridade pública pelos atos do governante", já que ele era a autoridade soberana e, como tal, concentrava em suas mãos as funções de governar, legislar e julgar (Dallari, 2007).

Essa situação só começou a ser alterada no momento em que as bases de sustentação desse tipo de Estado (economia feudal e religião católica) começaram a ruir. Nesse processo, também entra em franco declínio a monarquia absoluta. A ascensão da burguesia, a reforma protestante e a propagação do ideário iluminista de igualdade contribuíram fortemente para o processo de mudança.

O Estado liberal, conforme já destacado anteriormente, é produto desse embate entre a velha ordem e a nova ordem que nascia.

Para garantir esse processo, estabeleceu-se o "princípio da separação dos poderes".

Buscou-se, nesse caso, não apenas controlar a ação do governante, ao retirar das mãos dele todos os poderes do Estado, mas também impedir que ele tomasse decisões com a intenção deliberada de prejudicar a sociedade para satisfazer seu interesse pessoal.

Ao comentar o princípio da separação dos poderes em Montesquieu, Albuquerque (2002:120) faz a seguinte afirmação:

> A estabilidade do regime ideal está em que a correlação entre as forças reais da sociedade possa se expressar também nas instituições políticas.
>
> Isto é, seria necessário que o funcionamento das instituições permitisse que o poder das forças sociais contrariasse e, portanto, "moderasse o poder das demais".

Portanto, na visão de Montesquieu, a preservação da liberdade e a garantia de que os recursos públicos serão canalizados para o interesse social só são possíveis porque os diversos interesses conflitantes podem disputar publicamente a alocação de recursos do Estado.

É desse choque de interesses que nasce a possibilidade de controle sobre a coisa pública, pois a alocação de

ESTADO, PODERES DO ESTADO E RELAÇÕES ENTRE O ESTADO E A SOCIEDADE | **23**

recursos públicos passa a ser transparente e não apenas decidida em gabinetes fechados com a presença de um número restrito de pessoas.

Na perspectiva de Montesquieu, é assim que se impede, por meio da existência e da utilização de mecanismos institucionalizados, que o governante venha a usar o poder do Estado de maneira abusiva ou em prol dos interesses de grupos que se organizaram em torno de sua autoridade. Essas mudanças orientadas por inspiração iluminista repercutiram de maneira muito contundente na relação Estado/sociedade.

O absolutismo, como característica das formas de governo no mundo ocidental, foi se desfazendo ao longo do tempo por diferentes razões. Diferentes fatos históricos ligados, sobretudo, às transformações sociais e econômicas deram contribuições decisivas para acabar com as monarquias absolutistas.

O primeiro fato histórico foi a Revolução Gloriosa, no século XVII, na Inglaterra. Com ela, o monarca deixou de ser supremo e passou a se submeter às mesmas leis e instituições de controle a que qualquer cidadão estava sujeito.

Com o passar do tempo, o monarca foi perdendo funções de governo até passar a exercer apenas a atividade de chefe de Estado, com atribuições simbólicas. Tal processo de mudança gradual gerou o parlamentarismo como sistema de governo. Esse modelo será visto mais adiante.

O segundo fato histórico foi o processo de independência dos Estados Unidos, ocorrido um pouco antes da Revolução Francesa, numa guerra contra a Inglaterra que durou de 1776 a 1783.

> **COMENTÁRIO**
>
> Com a independência, os norte-americanos optaram por um regime republicano e romperam de vez qualquer vínculo com a ainda nascente monarquia constitucional inglesa.

Na sequência, foi criado pelos norte-americanos o presidencialismo (que será visto adiante) como sistema de governo, o que veio a influenciar diretamente o caminho político em quase todos os países das três Américas.

> **COMENTÁRIO**
>
> Por meio dela, as bases da monarquia absolutista no ocidente foram eliminadas e, com o passar do tempo, a república como forma de governo foi se desenvolvendo.
>
> Diferentemente da experiência romana, a república lentamente foi ganhando caráter democrático com a ampliação de direitos resultante de lutas sociais que geraram conquistas nos âmbitos civil, político e social e se enraizaram na história política desse país.
>
> O sistema semipresidencialista de governo adotado na França, e que será destacado mais adiante, acabou se constituindo em uma referência para outros países.

O terceiro fato histórico foi a Revolução Francesa, na segunda metade do século XVIII. Como visto, república e monarquia constitucional são formas de governo que se consolidaram no mundo contemporâneo. Falar em república implica falar em democracia. Caso contrário, podemos incorrer no erro de tratar ditaduras militares e governos teocráticos ou de partido único como se fossem repúblicas. Lembremo-nos de que nas repúblicas os cidadãos buscam a realização do bem comum e procuram garantir que aquilo que é recolhido da população sob a forma de impostos seja devolvido para a realização do interesse público.

Ao enfatizar que se governa apenas para o bem comum e não destacar quantos governam, para quem se governa e em nome de quem se governa, o conceito de "república", de maneira isolada, torna-se insuficiente para que o controle da coisa pública pela população seja plenamente possível.

Apesar de o sentido de "república" já comportar a ideia de um governo legitimado pelo povo, muitos governos autoritários também se autointitularam "republicanos".

Assim, paira uma dúvida: Um governo com poderes concentrados numa única pessoa ou num grupo com interesses comuns – características da monarquia absolutista, da teocracia, da tirania e da ditadura – pode ser caracterizado como um governo republicano? Não seria um paradoxo?

Como diz Norberto Bobbio (2002:11-12), o significado mais importante de *república* é aquele dado por Cícero, que define *res publica* como algo que pertence ao povo (*res publica res populi*).

O autor acrescenta que "povo não é qualquer multidão de homens reunida, mas, sim, uma sociedade organizada que tem por fundamento a observância da justiça e a comunhão de interesses".

COMENTÁRIO

Independentemente da forma de governo adotada (monarquia constitucional ou república), o mundo ocidental iniciou um processo de aprofundamento da democratização das relações Estado/sociedade de maneira irreversível.

Onde a monarquia constitucional se consolidou como forma de governo, o sistema de governo passou a ser parlamentarista.

Nas repúblicas com orientação democrática, instalou-se tanto o presidencialismo quanto o semipresidencialismo.

O parlamentarismo

O sistema de governo parlamentarista passou por um longo processo de desenvolvimento histórico, todo ele ligado à trajetória política da Inglaterra. Sua gênese ocorreu no início do século XIII, quando o rei John I, também conhecido como John Lackland, reuniu-

-se com alguns cavalheiros para consultá-los acerca de assuntos do interesse do reino, entre eles a cobrança de tributos.

Tais encontros, mesmo que de maneira informal, passaram a ocorrer de forma mais rotineira e a serem vistos como uma maneira pela qual um grupo de pessoas, com condições econômicas semelhantes, influenciava as decisões do governo.

Nesse mesmo período, tal espaço político se transformou num local em que membros do clero e barões expunham suas inquietações acerca do modo como o rei estava governando.

Assim, acabavam trazendo para os debates os interesses dos grupos que representavam.

Ao final do século XIX, por decisão do rei Eduardo I, o Parlamento ganhou existência oficial (Dallari, 2007).

COMENTÁRIO

Obviamente, o Parlamento perdeu força com a consolidação do absolutismo, também na Inglaterra, e passou um longo tempo sem interferir nas decisões dos monarcas.

Apenas no século XVIII, após a Revolução Gloriosa, com o fim do absolutismo, é que o Parlamento retoma sua força, agora como Casa do Povo.

Em consequência, o monarca passa a se submeter às leis produzidas pelos parlamentares.

Isso passou a ocorrer quando o monarca Guilherme de Orange assinou uma Constituição em que se submetia ao controle do Parlamento.

Com o passar do tempo, tanto Orange quanto seus sucessores desenvolveram o hábito de convocar um grupo restrito de pessoas para tratar dos interesses internos da Inglaterra; constituiu-se, assim, uma espécie de "Conselho de Gabinete" (Dallari, 2007).

Mais adiante, esse gabinete ganhou ainda mais importância e passou não apenas a aconselhar como também a tomar decisões e defendê-las perante o Parlamento. Esse Gabinete foi se aperfeiçoando ao longo do tempo até chegar ao formato atual, em que o monarca se transformou em chefe de Estado, com poderes meramente simbólicos, e a figura do pri-

ESTADO, GOVERNO E ADMINISTRAÇÃO PÚBLICA

meiro-ministro, fruto da maioria parlamentar, se consolidou. O primeiro-ministro passou a responder pelos atos de governo e também pelos interesses externos do país.

A característica geral do parlamentarismo é a divisão de funções entre chefe de Estado e chefe de governo, cujo cargo é produto das eleições parlamentares.

Tem-se um chefe de Estado, que é o monarca, que representa a unidade e os valores do país, mas não acumula funções de governo. Suas atividades são meramente cerimoniais, como receber autoridades políticas de outros países. Além disso, sempre que chamado, torna-se personagem central para a resolução de crises políticas. Portanto, "chefe de Estado" é um cargo pertencente à família real; seu mandato é vitalício e a sua sucessão é hereditária, respeitando a tradição monárquica de transmissão de poder.

O partido (ou a coalizão) que consegue eleger a maioria dos deputados ganha o direito de formar o governo e indicar o primeiro-ministro (chefe de governo). O primeiro-ministro formará o gabinete de governo; este, por sua vez, será submetido à aprovação do Parlamento.

Esse fato indica que a equipe de governo não é escolhida livremente pelo primeiro-ministro. Ele submete cada nome ao Parlamento e, se algum for vetado, outro nome deverá ser indicado.

> **COMENTÁRIO**
>
> Aqui há uma diferença fundamental em relação ao presidencialismo: o Parlamento tem "responsabilidade de governo" na medida em que não existe formação de gabinete sem maioria parlamentar; além disso, cabe aos parlamentares aprovar os nomes para formar a equipe de governo.

Não há um tempo definido para o mandato do chefe de governo. Ele permanece no governo enquanto seu partido (ou a coalizão que o apoia) mantiver a maioria das cadeiras legislativas.

Da mesma forma, essa maioria pode substituí-lo sem que haja a necessidade de eleições.

Vale destacar que, em 2007, o então primeiro-ministro britânico Tony Blair renunciou à chefia de governo após 10 anos no poder.

Seu partido, o Trabalhista, por manter maioria no Parlamento, simplesmente o substituiu por Gordon Brown sem que fosse necessário um novo processo eleitoral.

Em uma situação de normalidade, apenas o fato de o partido de oposição conseguir a maioria das cadeiras parlamentares precipita a formação de um novo gabinete de governo, que será produto dessa nova maioria.

Entretanto, o parlamentarismo detém instrumentos que tornam esse sistema de governo mais sensível à pressão social, o que pode resultar na renúncia (ou na queda) do gabinete de governo.

A consequência imediata será a dissolução do Parlamento e a convocação de eleições extraordinárias, já que os parlamentares são corresponsáveis pelo governo.

A perda da maioria parlamentar, também conhecida como "voto de desconfiança", pode significar o afastamento do primeiro-ministro e a convocação de novas eleições para que o Parlamento eleito nesse processo político possa formar um novo gabinete.

COMENTÁRIO

Um dos maiores méritos do parlamentarismo reside no fato de, rotineiramente, o primeiro-ministro ter de comparecer ao Parlamento para prestar contas de suas atividades de governo.

Isso possibilita mais controle dos representantes do povo sobre o Executivo e reforça a responsabilidade de governo que, no parlamentarismo, também é atribuída ao Poder Legislativo.

Inglaterra, Espanha, Japão e Suécia são exemplos, entre muitos, de monarquias constitucionais parlamentaristas.

O presidencialismo

Diferentemente do parlamentarismo, que passou por um longo processo de evolução, o presidencialismo nasceu na segunda metade do século XVIII como consequência do processo de independência dos Estados Unidos.

Os norte-americanos, ao romperem com o regime monárquico da metrópole, optaram por um Estado republicano como estratégia para quebrar qualquer tipo de laço com a coroa inglesa, mesmo que, naquele momento, a monarquia inglesa já não tivesse mais o caráter extremo do absolutismo. Tal rejeição adveio das lembranças da perseguição religiosa, da violação de direitos individuais e da imposição de interesses da metrópole sobre as antigas colônias que formavam os Estados Unidos.

Assim, o presidencialismo surge em oposição ao absolutismo e inspira-se nas ideias de Montesquieu, na medida em que adota como estratégia para evitar a tirania o princípio da separação dos poderes do Estado e o controle mútuo entre eles. Além disso, na própria Declaração de Inde-

pendência dos Estados Unidos está registrado, como princípio, que a legitimidade do poder do governante se origina do consentimento dos governados por meio da realização de eleições. Nesse caso, manifesta-se uma contundente rejeição não apenas ao princípio da vitaliciedade do mandato do soberano como também à ideia de sucessão hereditária.

> **COMENTÁRIO**
>
> A repulsa com relação à monarquia inglesa é descrita por Dallari (2007:240), ao citar uma carta escrita em 1787 por Jefferson. Na carta, este afirma que: Se todos os males que surgissem entre nós, oriundos da forma republicana de governo, de hoje até o dia do Juízo Final, pudessem ser postos em um dos pratos de uma balança (...) [e, no outro prato, pudesse ser posto] tudo o que este país sofreu com sua forma de governo monárquico numa semana, ou na Inglaterra em um mês, este outro preponderaria. [Isto é, o segundo prato, por ficar mais pesado, penderia para baixo.]

Como podemos verificar, as escolhas republicana e presidencialista eram vistas pelos norte-americanos como extremamente vantajosas para o país e para a população na medida em que os protegiam de males que eram associados a uma forma monárquica de governo. Apesar de ser visto como um único sistema de governo, o presidencialismo sofre variações de país para país.

Entretanto, em linhas gerais, suas características, adotadas por todas as repúblicas presidencialistas de orientação democrática, podem ser resumidas como segue.

O presidente da República é eleito diretamente por sufrágio universal ou, então, através de um processo em que se garante o consentimento dos governados.

No Brasil, o voto é direto e uninominal. Nos Estados Unidos, a população elege um colégio de delegados com a função específica de escolher, em nome do povo, o presidente do país.

> **COMENTÁRIO**
>
> O presidente da República acumula as funções de chefe de Estado e chefe de governo.

Ou seja, ele tem funções cerimoniais e representa a unidade em torno dos valores do país, como o chefe de Estado nas monarquias constitucionais, mas também responde

ESTADO, PODERES DO ESTADO E RELAÇÕES ENTRE O ESTADO E A SOCIEDADE | 29

pela administração do governo, pela política externa e pela segurança das fronteiras, como o primeiro-ministro.

Todas as funções que são divididas no parlamentarismo estão reunidas numa mesma pessoa no sistema presidencial.

A chefia do Executivo é de responsabilidade do presidente da República. É ele quem escolhe livremente sua equipe ministerial, cuja permanência no cargo não está sujeita à manutenção de maioria parlamentar ou a um voto de confiança dos parlamentares.

O Poder Legislativo só pode afastar o presidente da República após a conclusão de um processo de *impeachment*.

Outra forma de o presidente ter seu mandato interrompido se dá por meio de uma condenação em um processo de investigação criminal conduzido pelo Poder Judiciário, com amplo direito de defesa.

O princípio da separação dos poderes se manifesta por intermédio da delimitação de papéis.

Apesar de autônomos, cada poder possui mecanismos para se proteger do outro quando houver invasão nas especificidades das atribuições.

De maneira objetiva, cabe ao Poder Legislativo produzir ou modificar leis e fiscalizar os atos do Executivo em nome do povo, isto é, verificar se o presidente está administrando conforme as regras a que está submetido.

Diferentemente do parlamentarismo, os parlamentares não são corresponsáveis pelo governo. Entretanto, no caso das leis (aprovadas pelo Legislativo) que contrariem os princípios que norteiam a ação do governo, o presidente da República pode sancioná-las ou vetá-las.

COMENTÁRIO

No caso de veto, também conhecido como poder reativo, o projeto volta ao Legislativo para reapreciação; cabe a esse poder aceitar o veto e reformular o projeto ou, então, derrubá-lo e obrigar o governo, mesmo a contragosto, a aceitá-lo.

No Brasil, uma lei pode ser vetada tanto na sua totalidade quanto parcialmente.

Nos Estados Unidos, o veto é total e o conteúdo do projeto de lei é devolvido integralmente para uma nova apreciação ou derrubada do veto.

No inciso 4º do art. 66 da Constituição Federal brasileira (1988) está previsto que:

O veto será apreciado em sessão conjunta, dentro de 30 dias, a contar de seu recebimento, só podendo ser rejeitado pelo voto da maioria absoluta dos deputados e senadores, em escrutínio secreto.

Ainda com relação à questão da produção de leis, no sistema presidencialista é muito comum o chefe do Poder Executivo ter iniciativa legislativa tanto em caráter regular quanto de forma extraordinária.

CONCEITO-CHAVE

Esta última forma, no Brasil, é conhecida como "medida provisória" (MP) e tratada na literatura como "poder proativo" (Cintra, 2007).

As MPs são atos de governo transformados em lei antes que o Legislativo possa apreciá-los. Nesse caso, existe um prazo para que os parlamentares votem pela validade – ou não – da MP para dar a ela o caráter de lei definitiva ou suprimir a sua validade. Entretanto, a MP manterá *status* de lei enquanto o Poder Legislativo não se manifestar sobre a sua validade.

O Poder Judiciário tem a função de julgar casos de desobediência às regras e impor as leis sempre que necessário, o que inclui os atos do presidente da República (sempre que houver denúncia de que ele esteja ultrapassando os limites de suas atribuições). Qualquer controvérsia encontrará nos tribunais superiores do Poder Judiciário o julgamento em caráter definitivo.

Não foram poucas as situações em que, no Brasil, o Judiciário tomou decisões que contrariaram os interesses do governo. A decisão judicial que obrigou o Congresso Nacional brasileiro a abrir a chamada Comissão Parlamentar de Inquérito (CPI) dos Correios – fato que gerou o conhecido escândalo do "mensalão" – é um desses exemplos.

COMENTÁRIO

Nesse caso, o Judiciário tomou, no uso de suas atribuições, uma decisão que interferiu na rotina do Poder Legislativo e contrariou os interesses do governo.

O semipresidencialismo

Também conhecido como "sistema híbrido de governo" por reunir características tanto do parlamentarismo quanto do presidencialismo, o semipresidencialismo é mais recente (foi criado durante a República de Weimar, na Alemanha, no início do século XX) do que os sistemas já abordados.

Consolidou-se como sistema de governo em países que abdicaram da monarquia e escolheram a República.

França, Portugal e Finlândia são alguns dos exemplos contemporâneos (Cintra, 2007).

COMENTÁRIO

Assim como o parlamentarista, o sistema semipresidencialista mantém a divisão de funções entre chefe de Estado e chefe de governo.

Entretanto, as funções de cada um diferem bastante daquelas descritas no modelo parlamentarista; além disso, guardam maior proximidade com as características políticas do presidencialismo, no que se refere à concentração de poder e à fixação de mandato.

Nesse sistema de governo, tendo a França como referência, o chefe de Estado é o presidente da República eleito pelo voto direto e com mandato fixo.

Cabe a ele cuidar dos interesses externos do país e indicar ao Parlamento, para aprovação, o nome do primeiro-ministro, que terá funções meramente administrativas, o que faz deste último uma espécie de braço-direito do chefe de Estado.

As decisões importantes acerca dos destinos do Estado se concentram nas mãos do chefe de Estado (o presidente da República).

EXEMPLO

Um exemplo é a prerrogativa de solicitar ao Parlamento que reaprecie uma lei, sobretudo quando essa lei pode causar a divisão do país e gerar instabilidade política. Isso ocorreu no ano de 2006, na França, quando da aprovação da Lei do Primeiro Emprego, que alterava o modo de inserção de jovens no mercado de trabalho.

Após violentos protestos de jovens em bairros de periferia e em universidades, sem que o primeiro-ministro conseguisse pacificar o país, o então presidente Jacques Chirac usou de tal prerrogativa e conseguiu revogar a citada lei.

Por fim, o sistema semipresidencialista tem produzido um fenômeno político interessante do ponto de vista da convivência entre os partidos.

Como as eleições presidenciais são distantes das eleições parlamentares, não é incomum ter o chefe de Estado (presidente da República) eleito por um determinado partido e o chefe de governo (primeiro-ministro) por outro, mas de oposição, já que os grupos oposicionistas se tornaram maioria no Parlamento.

Essas eleições se configuram como "governo de coabitação"; França e Portugal já viveram tal experiência.

Entretanto, recentemente a França aproximou as eleições parlamentares da presidencial, o que vai dificultar a existência de novos governos com essa característica (de coabitação).

Capítulo 2

Democracia, poderes do Estado e controle social no Brasil

Na esteira do capítulo anterior, as discussões se voltam agora para a inter-relação entre democracia, poderes do Estado e controle social. Para entender a importância do controle, basta imaginar uma sociedade em que todos pudessem fazer tudo o que quisessem; o caos resultante dessa hipótese responde às nossas indagações. Neste capítulo, será analisado ainda o modo como o controle se manifesta nas diferentes esferas sociais, o que não exclui o controle sobre o próprio Estado, pois este também não pode fazer tudo o que quer. A Carta Magna de 1988 surge nestas páginas como referência para que a supremacia do interesse público seja respeitada, pois desta depende o bem comum e a garantia de uma sociedade justa e democrática. Para encerrar o capítulo, serão analisadas as formas de controle que o Estado exerce sobre a sociedade, bem como as ferramentas necessárias para que a harmonia social e o interesse público sejam preservados.

Por que controle?

Ao destacar o conteúdo negativo presente na palavra "controle" (afinal, ela é costumeiramente interpretada como o produto de uma relação entre dominante e dominado), Martins (1994) já se indagava sobre o desafio de considerar os mecanismos de controle um elemento fundamental para a garantia de que as relações Estado/sociedade se pautem por:

- valores democrático-liberais como liberdade individual, propriedade e igualdade jurídica;
- valores republicanos como supremacia do interesse público sobre o privado e canalização dos recursos públicos para questões que realmente representem o bem comum.

Mas se a questão do controle tem importância vital para a sobrevivência do Estado democrático, também outras razões de natureza gerencial, como impacto político, justificam plenamente a necessidade de controlar as diversas atividades desenvolvidas pela administração pública.

Segundo Bruno Speck (2000a), para além das questões de controle que visam impedir que os gestores públicos transgridam os limites do exercício do poder, qualquer governo deveria estar duplamente interessado em um controle efetivo sobre a administração dos seus recursos para melhorar o desempenho de seus projetos políticos e evitar, assim, escândalos que envolvam os seus integrantes.

"A primeira preocupação se baseia no cálculo econômico de custos e benefícios. Um governo que consegue controlar o desvio ou a má aplicação de verbas públicas tem mais recursos disponíveis para os seus projetos ou poderá realizá-los com menos impostos" (Speck, 2000b).

Portanto, para a realização do ideal democrático, é de fundamental importância que os instrumentos de controle funcionem como elementos garantidores da harmonia social e que o exercício do poder ocorra dentro de regras preestabelecidas, no caso, representadas pelo conjunto dos diferentes interesses que formam a sociedade.

Por sua vez, o político interessado em preservar a sua carreira e que esteja comprometido com os ideais de uma república democrática também se beneficiará diretamente do bom funcionamento dos órgãos de controle, pois isso demonstrará, para a população que ele governa, que sua gestão está voltada para o atendimento dos interesses públicos.

> **COMENTÁRIO**
>
> A transparência das atividades de sua gestão pode se traduzir em dividendos eleitorais ao se reconhecer publicamente que sua administração está voltada inteiramente para a realização do bem comum (Loureiro, 2009).

Como se pode notar nos argumentos destacados por Bruno Speck, um governante que consegue evitar que o dinheiro público seja canalizado para esquemas de corrupção tem maior possibilidade de responder às demandas da sociedade sem que para isso precise lançar mão do aumento de impostos ou da criação de novos tributos – dois dos

principais pontos de desgaste político dos gestores públicos brasileiros, nos diversos níveis de poder.[1]

Diversos exemplos sobre essa questão saltam aos olhos na realidade brasileira.

EXEMPLO

O governo federal criou a Contribuição Provisória sobre a Movimentação Financeira (CPMF), ainda na gestão Itamar Franco, com o argumento de que os recursos arrecadados seriam investidos na melhoria do sistema público de saúde.

Porém, durante todo o período de existência de tal tributo, não faltaram denúncias sobre escândalos relacionados ao desvio de dinheiro público dentro do próprio governo federal.[2]

Assim, o setor público de saúde ainda continuou prestando serviços de baixa qualidade aos cidadãos.

Os mecanismos de controle sobre a administração pública acabaram se tornando peças fundamentais para:

- evitar que o gestor público acabe sucumbindo às pressões de grupos econômicos e políticos mais próximos de sua opção ideológica;
- impedir que o gestor público se aproprie do dinheiro público em benefício próprio.

Pensar na questão do controle na contemporaneidade requer ir além da relação entre os poderes Executivo, Legislativo e Judiciário.

COMENTÁRIO

Faz-se necessário trabalhar, sobretudo, a dicotomia Estado/sociedade de maneira mais abrangente; no caso, incorporando as relações dos indivíduos uns com os outros, bem como o papel dos instrumentos de socialização e suas repercussões junto à ordem social que regulamenta a vida de todos.

Já sabemos que a palavra "controle" pode ser interpretada como a "relação existente entre um dominado e seu algoz" (Martins, 1994).

---

[1] Pesquisa do Datafolha sobre o desempenho da prefeita Marta Suplicy em sua gestão, publicada na *Folha de S.Paulo* em 2 abr. 2003, demonstra que a reprovação ao seu governo (taxa dos que o consideram ruim/péssimo) subiu de 29%, em outubro de 2002, para 45%, em março de 2003. Uma das principais causas apontadas pelos entrevistados foi a criação de novos tributos municipais.

[2] O desvio de verbas da Sudam e da Sudene, que levou à extinção desses órgãos e envolveu políticos e aliados do governo federal, representa um bom exemplo de descontrole sobre os recursos públicos.

> **COMENTÁRIO**
>
> Para evitar essa interpretação simplificadora, este livro tratará exclusivamente da dimensão de "controle" dentro de um Estado democrático, em que a mediação entre as relações passa necessariamente pela legitimação de regras e valores que se originam da vontade social.

O próprio Martins (1994:139-140) chama a atenção para que não se confunda "controle com opressão" e destaca que:

- os direitos e as liberdades só existem de fato quando são garantidos e respeitados;
- os instrumentos de controle são fundamentais para tanto.

Sobre o vínculo entre controle e democracia, Martins faz a seguinte observação:

> Democracia e controle não são termos antitéticos: todos os tipos de república (desde o puro e simples estado de direito até o regime participativo mais amplo e irrestrito que se possa imaginar) são perfeitamente compatíveis com a instituição de sistemas eficazes de controle.
>
> O que não combina com a ideia de controle são os vários tipos de autocracia (desde os despotismos tradicionais e carismáticos até os autoritarismos de base militar ou tecnocrática).

> **COMENTÁRIO**
>
> O controle é fundamental para a realização do Estado democrático porque possui os instrumentos que garantem a realização de princípios liberais, como a propriedade, a liberdade e o ideal republicano de busca do bem comum.
>
> Tais categorias buscam compreender como o tema "controle" está presente na atualidade e de que maneira ele se manifesta na vida social não só como um elemento de equilíbrio entre as relações sociais mas também como o que se traduz numa forma de garantir o princípio democrático de expressão da vontade popular junto ao governo.

As quatro categorias de controle na realidade contemporânea identificadas por Martins (1994:144) são: 1. o controle da sociedade sobre si mesma; 2. o controle da sociedade sobre o Estado; 3. o controle do Estado sobre a sociedade; 4. o controle do Estado sobre si mesmo.

Controle da sociedade sobre si mesma

O controle da sociedade sobre si mesma é realizado pelos cidadãos sobre os outros cidadãos. Ele existe para garantir que o indivíduo aja de acordo com as expectativas de conduta que são criadas pela própria sociedade, por meio dos instrumentos responsáveis pelo processo de socialização, como família, igreja, tradição, educação etc. A formação da conduta individual é externa ao indivíduo e está orientada por um processo de socialização que cria mecanismos de controle social.

Esses mecanismos obrigam as pessoas a agir conforme as expectativas sociais, sob pena de sofrerem algum tipo de punição caso não levem em conta tais expectativas na orientação de suas condutas públicas.

> **COMENTÁRIO**
>
> Os mecanismos que garantem a realização do controle social são coercitivos e se dividem em legais e morais.

A coerção legal se refere à conduta coletiva regulamentada em lei; esta prevê que tipo de punição recairá sobre o indivíduo que transgredir qualquer procedimento legal.

Sobre os efeitos dos mecanismos de controle social baseados na coerção legal, Durkheim (Rodrigues, 1990:47) faz a seguinte observação:

> Se experimento violar as leis do direito, estas reagem contra mim de maneira a impedir meu ato se ainda houver tempo; com o fim de anulá-lo e restabelecê-lo em sua forma normal se já se realizou e for reparável; ou então para que eu o expie se não há outra possibilidade de reparação.

Se a coerção legal é fundamental para a manutenção da harmonia social, a coerção moral, além de cumprir o mesmo papel, também age como um elemento importante para a formação dos valores que norteiam a vida do indivíduo desde o momento em que ele nasce. Tal mecanismo de controle social ocorre tanto na vida coletiva, no sentido mais amplo, quanto nos comportamentos que tomam por referência grupos sociais específicos, como religiões, família e "segmentos particulares".

Os indivíduos fiscalizam o comportamento de outros indivíduos para evitar que possíveis desvios de conduta ponham em risco as posturas tradicionais de conduta que representam a razão de ser do próprio grupo.

Também controlam os seus próprios comportamentos, como forma de contribuir para a manutenção e a reprodução do modo de vida que organiza a convivência coletiva na qual estão inseridos.

Por exemplo, numa família, a conduta dos pais é fundamental para que os filhos possam dar continuidade a tudo o que aprenderam a fim de viver em sociedade.

Por isso, os pais devem manter-se dentro dos padrões morais nos quais criaram seus filhos, caso contrário podem dar início ao processo de ruptura do padrão moral familiar.

No caso de um grupo religioso, para que um indivíduo seja aceito como membro, é necessário que ele adote previamente as normas de comportamento coletivo que criam identidades e dão o sentido de pertencimento às pessoas que fazem parte daquele grupo.

Nenhuma mulher é obrigada, legalmente, a usar apenas vestido longo, mas há determinadas religiões que só aceitam mulheres que adotam esse tipo de vestimenta. Assim, tal procedimento é um requisito obrigatório para que qualquer mulher possa pertencer ao segmento religioso mencionado.

Não mais adotá-lo significa sua exclusão automática do grupo.

EXEMPLO

Sobre a importância da sanção moral como mecanismo de controle sobre a vida social, de maneira mais ampla, Durkheim (Rodrigues, 1990:47) traz o seguinte exemplo:

> Se não me submeto às convenções mundanas; se, ao me vestir, não levo em consideração os usos seguidos em meu país e em minha classe, o riso que provoco, o afastamento em que os outros me conservam, produzem, embora de maneira mais atenuada, os mesmos efeitos de uma pena propriamente dita.

Assim, o conceito de "controle social" – ou a forma de controle exercida pela sociedade sobre si mesma – pode ser compreendido como uma maneira de integrar os indivíduos aos padrões de conduta social que são determinados pela própria sociedade.

A ordem social dominante, que resulta da composição dos diversos tipos de interesse coletivo, acaba se transformando em um poderoso instrumento de integração social.

Tal integração é garantida pela ação dos indivíduos, que vigiam o comportamento uns dos outros e denunciam aos instrumentos formais e informais de controle social as pessoas que não se mantêm dentro dos padrões estabelecidos.

Os indivíduos fazem isso com base não apenas na força que a lei exerce sobre as pessoas mas também no peso que os valores morais e a tradição exercem sobre as consciências individuais.

Dessa forma, os valores vivenciados pelos indivíduos de um modo geral se transformam em valores sociais que retornam como uma obrigação a ser assimilada por todos.

Controle da sociedade sobre o Estado ou controle social

Como afirma Martins (1994:145), "podemos dizer que cada um de nós é, simultaneamente, objeto do controle (exercido pelos outros); agente do controle (exercido sobre os outros); sujeito do controle (exercido sobre si mesmo)".

Desde a pólis grega, sempre houve a preocupação em criar instituições que se encarregassem de controlar, em nome da sociedade, os detentores do poder, fazendo-os se submeter ao interesse coletivo e às regras democráticas a fim de que o Estado não se voltasse contra o interesse geral.

A experiência do Parlamento inglês representou uma das primeiras formas de controle da sociedade sobre o Estado.

Inicialmente representativo de uma pequena parcela da sociedade, o Parlamento inglês teve, em sua criação, uma função consultiva; só posteriormente é que assumiu responsabilidades de governo.

Com o advento da Independência dos Estados Unidos e da Revolução Francesa, houve uma disseminação de legislativos que tinham como objetivo representar os cidadãos junto ao governo, cujas ações seriam então fiscalizadas e controladas, e elaborar leis de interesse geral.

Após esse período, o Judiciário acabou se consolidando como um poder voltado para garantir o estado de direito e proteger os cidadãos que se sentiam ameaçados diante de eventuais violações à sua liberdade.

Essa gama de iniciativas possibilitou a criação de instrumentos de controle da sociedade sobre o Estado que buscavam fazer valer a máxima republicana de um governo a serviço do bem comum.

No entanto, tais iniciativas acabaram se organizando dentro da estrutura do próprio Estado; além disso, elas não vêm mantendo um vínculo constante com a sociedade.

Assim, acabam não representando uma possibilidade de controle direto dos cidadãos sobre as atividades públicas.

> **EXEMPLO**
>
> Mesmo que a população eleja pelo voto direto os seus representantes junto ao Poder Legislativo, há, após o processo eleitoral, na maioria dos casos, um certo distanciamento entre o parlamentar e o grupo social que o elegeu.
>
> Com isso, muitos parlamentares se posicionam nos grandes debates públicos no Legislativo sem levar em conta o que pensa o grupo social que o elegeu.

Desse modo, podem premiar aqueles que lograram bom desempenho e punir os que não corresponderam às expectativas sociais.

O controle social na Constituição Brasileira de 1988

No caso brasileiro, cada ação do Estado é marcada pela delimitação de funções e se situa dentro de regras preestabelecidas que norteiam as atividades de todos os seus órgãos.

O poder público está submetido a várias formas de controle que visam não só assegurar que ele esteja a serviço do bem comum como também que o governante e os demais membros do governo não cometam qualquer tipo de excesso em relação ao que as regras estabelecem.

No que se refere à questão orçamentária, os instrumentos de controle estão previstos no art. 70 da Constituição Federal de 1988.

Consta, na Carta Magna, que a fiscalização contábil, financeira e orçamentária da administração pública brasileira será exercida pelo Congresso Nacional, mediante controle externo, e pelo sistema de controle interno de cada poder.

EXEMPLOS

No art. 71, está previsto que o Tribunal de Contas auxiliará o Legislativo na realização do controle externo.

No art. 74 da Constituição Federal, prevê-se uma ação integrada entre os poderes Executivo, Legislativo e Judiciário, com a finalidade de:
- avaliar as metas previstas na peça orçamentária e nos programas governamentais;
- comprovar a legalidade dos atos, bem como a eficácia e a eficiência da gestão orçamentária;
- exercer o controle das operações de crédito;
- denunciar ao Tribunal de Contas as irregularidades identificadas;
- receber denúncias dos cidadãos.

O arcabouço legal brasileiro prevê a existência de mecanismos de controle internos e externos sobre a administração pública, com o objetivo de garantir a prática de *accountability*[3] no Executivo, em seus diversos níveis. Portanto, o adequado funcionamento dos mecanismos de controle pode significar o fortalecimento político do sistema representativo, pois, no momento em que o Legislativo se apresenta de maneira eficiente para a sociedade, as estruturas do sistema democrático ficam mais vigorosas.

Formas de controle da sociedade sobre o Estado

A principal forma de controle que a sociedade exerce sobre o Estado, à margem da estrutura estatal, é o sufrágio eleitoral. Por meio do voto, os cidadãos podem reconduzir o governante ao cargo que já ocupa ou votar em pessoas por ele apoiadas, desde que a sua gestão seja bem-avaliada pelos eleitores. Por sua vez, uma gestão mal-avaliada pode

---

[3] O termo *accountability* remete a um governo motivado a dar transparência aos seus atos por meio da prestação de contas. Difere do princípio da publicidade em razão de a transparência fazer parte da postura cotidiana do Executivo. Uma completa análise acerca do significado da palavra *accountability* nas atividades públicas pode ser encontrada em Campos (1990:30-50).

levar o chefe do Executivo a ter a sua carreira política encerrada, mesmo que temporariamente, quando a população não mais confiar em sua competência para cuidar da coisa pública e continuar administrando a vida social.

> **COMENTÁRIO**
>
> Um dos grandes aliados da formação de uma opinião pública sobre os políticos, e que pode interferir diretamente no resultado final de uma eleição, é a mídia.
>
> Com o advento do jornalismo investigativo e com a exposição, cada vez maior, da vida pública (e privada) do governante, há, por parte do administrador público, uma grande preocupação em prestar contas de seus atos no governo e evitar que algum deslize em sua vida pessoal se transforme num fato político, o que beneficiaria os seus adversários.
>
> Assim, uma questão de grande interesse público que tenha sido ocultada, ao ser descoberta pelos rivais e divulgada intensamente pela mídia, pode se transformar num escândalo que porá em risco a carreira política do governante (Thompson, 1998:109-134).

Ao demonstrar o papel central que a mídia vem assumindo na realidade política contemporânea, Maravall (1999:161-162) destaca que a atividade política se transformou rapidamente por causa dos diversos órgãos de imprensa que atuam como atores políticos.

O autor também demonstra que a agenda parlamentar vem se submetendo aos fatos que repercutem na imprensa e problematiza tal realidade ao argumentar o seguinte: "O controle sobre os políticos, no entanto, dificilmente pode ser assegurado por instituições plurais (como parlamentos e partidos) quando as instituições democráticas são instrumentos impotentes de *accountability*" (Maravall, 1999:161-162).

Esse tipo de controle requer uma mídia independente, uma informação realmente pluralista.

> **COMENTÁRIO**
>
> Cada vez mais intensa, a presença da mídia na vida política brasileira também motivou a preocupação dos políticos com a construção de uma imagem positiva de sua gestão, por meio da viabilização de instrumentos de publicização dos atos da administração.
>
> Essa imagem positiva também é granjeada junto aos governados, pelo contato direto com estes, para que possam exprimir ao próprio governo suas críticas e denúncias sobre a gestão.
>
> Esse contato pode ser atestado pela criação de instituições, como as ouvidorias públicas.

Tais instituições se tornaram canais para que a sociedade exprima diretamente ao governo suas críticas, reclamações e descontentamentos acerca do desempenho da administração pública como um todo.

Essas reclamações podem se referir à má qualidade dos serviços públicos, assim como podem também se traduzir em denúncias acerca de possíveis atos de corrupção de servidores públicos.

Com o funcionamento das ouvidorias, muitos governantes estão se encarregando de revelar publicamente as mazelas existentes em suas administrações. Com isso, buscam se antecipar a um eventual furo de reportagem que poderia ser dado por algum grande órgão de comunicação.

Assim, não só tentam anular a visão de que seriam coniventes com tais atos como também demonstram maior transparência nas atividades que desenvolvem, inclusive em relação àquelas que lhes trariam maior desgaste político.[4] Porém, o "controle vertical", por meio do sufrágio universal, tem sido muito questionado quanto à sua eficiência.

Como alerta O'Donnell (1998:28-29),

> o que pode ser definido como o canal principal de *accountability* vertical, as eleições, ocorre apenas de tempos em tempos. [...] Análises recentes introduzem uma nota cética quanto ao grau em que as eleições são verdadeiramente um instrumento pelo qual os eleitores podem punir ou premiar candidatos.

Essa dúvida ocorre em razão de, em alguns países, as eleições conviverem com a existência de partidos frágeis e pouco estruturados, o que compromete a atuação dessas organizações como interlocutoras da sociedade.

---

[4] Durante o primeiro mandato de Mário Covas no governo do estado de São Paulo (1994-1998), foi criada a Ouvidoria da Polícia, para que os cidadãos pudessem denunciar possíveis desvios de conduta de membros dessa corporação. Mensalmente, o ouvidor prestava contas à sociedade acerca de tudo o que foi denunciado e já anunciava as medidas que seriam tomadas, pois tais atitudes criariam um fato político positivo para o governo. Uma das primeiras medidas da prefeita de São Paulo, Marta Suplicy, ao tomar posse em 2001, foi criar a Ouvidoria Municipal, para que os paulistanos fizessem denúncias acerca da existência de corrupção na administração. Os casos eram investigados e já houve fiscais afastados por envolvimento comprovado em esquemas de corrupção. Em Santo André (SP), a Ouvidoria Municipal atende reclamações sobre obras públicas e demais serviços prestados pela própria prefeitura.

Questões como o alcance restrito das políticas públicas e a excessiva fragmentação eleitoral e partidária também põem em risco a eficácia do sufrágio eleitoral como um instrumento eficiente de *accountability* vertical.

Também com dúvida quanto à eficácia do sufrágio eleitoral como um mecanismo de *accountability* vertical, Adam Przeworski (1998:63) considera fundamental que os eleitores disponham de diversos mecanismos para julgar os políticos, entre eles os de informação e os institucionais.

Entretanto, o autor considera que as eleições acabam se transformando num "instrumento grosseiro de controle, [pois] os eleitores têm de avaliar todo o pacote de políticas governamentais em apenas uma decisão" (Przeworski, 1998:63). Ele argumenta que, na avaliação de um governo, os cidadãos acabam se contentando apenas com os resultados, muitas vezes produzidos em condições que os próprios eleitores desconhecem e que podem esconder diversos tipos de negociações que contrariam o interesse público.

Conclui que "a regra do voto retrospectivo só contribui para assegurar a *accountability* se os cidadãos conhecerem não só o resultado obtido mas também os outros resultados possíveis" (Przeworski, 1998:63).

Também podem ser incluídas no rol dos mecanismos de controle vertical as diversas associações civis independentes – na sua maioria, organizações não governamentais (ONGs) – que fiscalizam a atuação dos governos e dos parlamentos em suas diversas frentes e denunciam as irregularidades encontradas.

Contudo, é preciso destacar que essas associações possuem apenas o poder de denúncia e, no máximo, conseguem, por meio desse poder, provocar a reação de outros mecanismos de controle, como o Legislativo e o Judiciário.

Um exemplo é o trabalho desenvolvido pela ONG Transparência Brasil,[5] que monitora os gastos dos parlamenta-

---

[5] É um movimento formado por voluntários que se encarregam de monitorar as atividades das câmaras municipais de cidades do estado de São Paulo e da Assembleia Legislativa paulista. As atividades do *voto consciente* têm como produto final a elaboração de uma lista que, "nos anos eleitorais, indica os melhores deputados estaduais e os melhores vereadores para a reeleição, com base em critérios que medem a atuação e o comprometimento dos parlamentares com a população", cf. <www.transparencia.org.br>. O movimento chegou a receber críticas quanto aos critérios adotados para a avaliação do parlamentar: basicamente a

res federais e dos deputados estaduais da maioria dos estados brasileiros e apresenta dados sobre a atuação de cada um, seus gastos de gabinete, seus financiadores de campanha e os processos que respondem na Justiça.

> **COMENTÁRIO**
>
> Da mesma forma, muitos movimentos ambientalistas acompanham a ação de governos e criam obstáculos judiciais para a continuidade de algum empreendimento público ou privado que possa causar danos ao meio ambiente.
>
> Outra forma de controle vertical está nos diversos mecanismos de participação popular que foram abertos por administrações públicas de esquerda.

> **EXEMPLO**
>
> Como exemplo, temos as experiências de orçamento participativo e conselhos populares em locais onde são autônomos e possuem poder deliberativo.
>
> No caso brasileiro, a insuficiência do sufrágio como mecanismo de controle vertical fica clara com a reeleição de políticos envolvidos em casos de corrupção.

Além disso, o desenvolvimento de políticas públicas de caráter clientelista também é um elemento que põe em risco a eficácia do processo eleitoral como uma estratégia de punição ou premiação eleitoral dos políticos.

Numa sociedade extremamente pauperizada, grande parte da população tende a trocar seu voto por favores particulares que os políticos prestam aos seus bairros ou cidades (Teixeira, 1999).

Nesse caso, opta-se por resolver o problema de alguns em vez de haver uma mobilização para garantir que aquilo que está sendo oferecido a poucos se torne um direito de todos.

É nesse raio de ação que muitos políticos, independentemente de sua imagem em relação ao trato da coisa pública, vêm conseguindo se reeleger sucessivamente para diversos cargos.

Os mecanismos horizontais de controle, chamados por O'Donnell (1998:40-41) de "*accountability* horizontal", funcionam quando

---

presença no plenário e a apresentação de projetos. Um dos destaques do *voto consciente* é o fato de ele ser formado majoritariamente por senhoras pertencentes às classes média e alta.

as agências estatais que têm o direito e o poder legal e que estão, de fato, capacitadas e dispostas a realizar ações fazem-no – desde a supervisão de rotina a sanções legais ou até ao impeachment, contra ações ou omissões de outros agentes ou agências do Estado que possam ser qualificadas como delituosas.

Essas agências visam à proteção de três princípios básicos de orientação liberal e republicana:

- a liberdade de organização e expressão;
- a garantia da propriedade e da segurança do indivíduo;
- a supremacia do interesse público sobre o privado em todos os setores da gestão governamental.

Os mecanismos horizontais se dividem em duas formas de controle, o interno e o externo, e se subdividem em quatro tipos:

- o controle administrativo ou controle interno;
- o controle legislativo;
- o controle judiciário;
- o controle de contas (Fonseca e Sanchez, 2000).

Controle pelos poderes do Estado ou controle horizontal

Controle interno ou controles do Estado sobre si mesmo

O controle do Estado sobre si mesmo ocorre por meio das formas de "controle interno".

Efetuadas pelos diversos instrumentos criados dentro dos próprios órgãos estatais, elas acompanham o desempenho das ações do Estado e as demais atividades desenvolvidas pelos próprios funcionários públicos.

O adequado funcionamento do controle do Estado sobre si mesmo é de fundamental importância para que as demais formas de controle já destacadas anteriormente também se realizem de maneira eficaz. Quando o poder público perde a capacidade de monitorar as atividades de seus funcionários, verificar o alcance das políticas públicas e garantir que os bens públicos sejam direcionados para o interesse coletivo, o princípio republicano da prevalência do interesse comum fica comprometido.

Da mesma forma, quando o Poder Legislativo não mais consegue controlar as atividades dos parlamentares e permite que eles utilizem os recursos públicos para atividades de natureza privada ou que executem, no horário das sessões, tarefas que estão muito distantes da função para a qual foram eleitos, é a própria casa legislativa que acaba criando obstáculos para efetuar o controle da sociedade sobre o Estado, pois cai em descrédito junto à população.

Para dar visibilidade a tal preocupação, pode-se recorrer a vários exemplos em que as formas de controle do Estado sobre si mesmo acabam sendo fragilizadas em razão de se estruturarem mais pelo critério do interesse político do que pelo zelo do interesse social.

Por exemplo, uma das principais funções do Legislativo é realizar o controle externo do Poder Executivo. No entanto, é comum que governantes utilizem cargos e recursos da máquina pública como uma forma de obter apoio político e atrair parlamentares que, de outro modo, se oporiam à sua base de sustentação política.

Assim, um governo que aparentemente teria uma bancada minoritária pelo fato de seus aliados não reunirem uma quantidade de parlamentares suficiente para lhe proporcionar maioria acaba construindo, por meio da utilização de instrumentos clientelistas, uma maioria parlamentar que, raramente, se posicionará de maneira contrária aos seus interesses (do Executivo).

Por isso, muitas irregularidades na administração pública acabam ocorrendo com o consentimento do Poder Legislativo.

Uma maioria parlamentar construída com base na troca de favores pessoais tende a ser mais complacente com as irregularidades praticadas pelo chefe do Executivo.[6]

Se os instrumentos de controle do Estado sobre si mesmo não se mostrarem eficientes, poderá se comprometer, diretamente, o desempenho dos mecanismos de controle do Estado sobre a própria sociedade.

---

[6] O caso do governador de Brasília Joaquim Roriz é um exemplo. Grande parte das moradias em terrenos irregulares e loteamentos clandestinos no Distrito Federal serviram para beneficiar membros do primeiro escalão de seu governo. Nas duas últimas eleições, a vitória de Roriz só foi possível em razão do enorme apoio eleitoral que recebeu de moradores das áreas consideradas irregulares. A Câmara Distrital, de maioria governista, criou obstáculo para a abertura de qualquer processo de investigação contra Roriz (*O Estado de S. Paulo*, 27 out. 2002, p. 6, Caderno Brasil).

Ao mostrar o vínculo direto entre essas formas de controle, Martins (1994:154) destaca que a "falta de controles dentro do Estado pode também significar que o Estado esteja sendo incapaz de controlar a sociedade".

EXEMPLO

Se os guardas encarregados de fiscalizar o tráfego de veículos trocam multas por propinas e nada lhes acontece, esta situação, além de configurar descontrole administrativo, redunda na impunidade dos motoristas infratores, ou seja, na impotência do Estado com respeito a esses membros da sociedade.

Para além do exemplo citado por Martins, podemos verificar atualmente:

- a existência de policiais que trabalham para proteger o crime organizado;
- a facilidade com que criminosos que cumprem pena conseguem ter privilégios nos presídios;

- a facilidade com que criminosos que cumprem pena conseguem ter acesso a armas e telefones celulares no interior do sistema prisional.

Tudo isso demonstra a dificuldade que o Estado tem de se autocontrolar.

COMENTÁRIO

Para enfatizar o impacto negativo que as constantes falhas dos instrumentos de controle do Estado sobre si mesmo podem provocar no controle exercido pela sociedade sobre o Estado, Martins (1994:154, com adaptações) faz a seguinte ponderação: Parte do controle da sociedade sobre o Estado processa-se ou deveria processar-se via Poder Legislativo; parte do controle exercido pelo Legislativo realiza-se, por sua vez, através do Tribunal de Contas.

Se o Legislativo não for capaz de controlar o Tribunal de Contas, a sociedade também não poderá ser capaz de controlar o Estado via Legislativo.

> **CONCEITO-CHAVE**
>
> Também existem, dentro da estrutura do Estado, diversas formas de ele acompanhar as funções que desempenha, bem como monitorar a qualidade do serviço público que disponibiliza.
>
> O controle interno (CI), em suas diferentes formas, também é conhecido como "controle administrativo" ou "autocontrole".
>
> O controle interno (CI), em suas diferentes formas, funciona dentro da própria estrutura da administração pública por meio de órgãos que realizam internamente a auditoria e o monitoramento das atividades em diversas áreas do governo.

Em razão dessa particularidade, as diferentes formas de controle interno podem prevenir eventuais desvios de rota ou contribuir com informações de "caráter corretivo".[7]

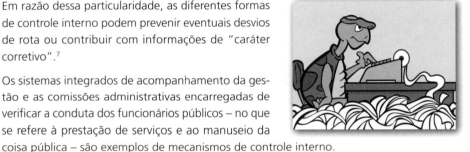

Os sistemas integrados de acompanhamento da gestão e as comissões administrativas encarregadas de verificar a conduta dos funcionários públicos – no que se refere à prestação de serviços e ao manuseio da coisa pública – são exemplos de mecanismos de controle interno.

Há um mérito e uma crítica feitos a essa forma de controle. O mérito decorre do fato de o controle interno possuir uma característica que o diferencia dos demais. Ele é simultâneo ao desenvolvimento do que está sendo acompanhado e também atua preventivamente. Isso pode resultar numa ação mais eficaz, ao se identificar um dano no decorrer do processo, e, assim, impedir prejuízos maiores, o que ocorreria caso o controle se realizasse *a posteriori*.

No entanto, como possui um caráter meramente opinativo, acatar as sugestões elaboradas por esse mecanismo de controle depende fundamentalmente de uma decisão política do próprio governante.[8]

Ao demonstrar a fragilidade dos sistemas de controle interno no Brasil, Fonseca, Sanchez e Antunes (2002:46) afirmam que: A histórica fragilidade dos controles internos no Brasil pode ser atestada por diversos fatores: a) não são institucionalizados por dependerem do perfil de quem esteja no poder; isso acontece porque não

---

[7] Em Fonseca e Sanchez (2000), analisa-se o funcionamento dos mecanismos de controle interno durante a gestão de Mário Covas à frente do governo do estado de São Paulo.

[8] Em *O livro negro da corrupção*, Modesto Carvalhosa (1996) demonstra como a fragilidade dos instrumentos de controle interno pode facilitar a corrupção na máquina pública.

possuem autonomia para controlar as ações das autoridades encarregadas de arrecadar e gastar os recursos públicos, sobretudo os *agentes políticos*; b) atuam com o objetivo de, principalmente, cuidar da contabilidade pública – que pode ser facilmente maquiada – e não propriamente dos controles; c) a literatura referente à administração pública e à ciência política confere importância secundária ao tema dos CIs.

Os argumentos enumerados por Fonseca, Sanchez e Antunes (2002:46) realçam a necessidade de haver o fortalecimento dos mecanismos de controle interno, em razão da agilidade com que podem responder aos problemas identificados.

Somente os CIs acompanham rotineiramente as atividades da administração pública, ao passo que os tribunais de contas, na maioria das vezes, avaliam uma ação do governo após ela já ter sido efetivada, o que os põe na condição de apenas cobrar a reparação do eventual dano causado.

Por isso, os autores recomendam que os sistemas de controle interno sejam "pensados em termos de freios e contrapesos no interior de cada poder, muito além, portanto, do exercício de mera contabilidade pública" (Fonseca, Sanchez e Antunes, 2002:46).

O fortalecimento da Controladoria Geral da União (CGU), ocorrido nos últimos anos, no governo Lula, quando esse órgão ganhou *status* de ministério, é um excelente exemplo de como um órgão de controle interno, por decisão política, pode se tornar mais eficiente e responder de maneira mais objetiva a sua missão.

A CGU, nos dias de hoje, é o único órgão de controle interno que usufrui de respeitabilidade pública em função do trabalho que desenvolve.

O Poder Legislativo

O controle exercido pelo Poder Legislativo se consubstancia no que se chama controle político.

Trata-se de um mecanismo que é exercido pelos representantes do povo, ou seja, os parlamentares eleitos para tal função.

A atividade legislativa se caracteriza pelo desenvolvimento de papéis diferenciados ao longo da história da humanidade e, ainda hoje, suas atribuições dependem de como se organiza o sistema político de cada país.

Tal questão pode ser observada nos atuais parlamentos: estes ganham cada vez mais atribuições e se tornam um dos principais instrumentos de fiscalização dos governos.

Na Constituição brasileira de 1988 consta como obrigação do Legislativo exercer as fiscalizações contábil, financeira, orçamentária, operacional e patrimonial da administração pública.

Também está previsto que, para a realização do controle externo, o Legislativo contará com o auxílio do Tribunal de Contas, órgão de auxílio (sem subordinação) ao Parlamento, com o aparato técnico necessário para desempenhar tal função e com autonomia para produzir decisões livres de pressões políticas.

O Poder Legislativo, além de fiscalizar os atos do governo, toma posição sobre as leis de sua própria iniciativa e ainda tem a função de aprovar ou vetar as medidas enviadas pelo Executivo.

> **COMENTÁRIO**
>
> Mesmo tendo a prerrogativa de vetar uma decisão do Legislativo, o Executivo pode ver esse mesmo veto derrubado pelos parlamentares. Caso isso ocorra, restará à administração pública apenas a alternativa de viabilizar tal medida.

Um dos principais mecanismos de controle do Legislativo sobre a administração pública é a Comissão Parlamentar de Inquérito (CPI). Esse instrumento é acionado para que os próprios parlamentares investiguem a existência de atos de corrupção, improbidade administrativa e demais irregularidades. Possui a prerrogativa de, depois de concluídas as investigações, emitir um relatório final para que o plenário julgue todos os envolvidos.

Por isso, uma condenação, após a conclusão do processo investigativo, poderá provocar o *impeachment* do governante e também de outras autoridades públicas eleitas que estiverem envolvidas no caso e constarem como culpadas no relatório final.[9]

Após a conclusão dos trabalhos, o Legislativo deve enviar uma cópia do relatório final da CPI para o Ministério Público, e este se encarregará de fazer uma denúncia formal ao Poder Judiciário para que seja aberto o processo criminal.

---

[9] De acordo com o item b da Lei Complementar nº 64/90, que trata dos casos de inelegibilidade, são inelegíveis os membros do Congresso Nacional, das assembleias legislativas, da Câmara Legislativa e das câmaras municipais que hajam perdido os respectivos mandatos por infringir o disposto nos incisos I e II do art. 55 da Constituição Federal, os dispositivos equivalentes (= sobre perda de mandato) nas constituições estaduais, nas leis orgânicas dos municípios e do Distrito Federal para as eleições que se realizarem durante o período remanescente do mandato para o qual foram eleitos e nos oito anos subsequentes ao término da legislatura. De acordo com o art. 52, inciso XIV, parágrafo único, da Constituição Federal, o julgamento político de crimes de responsabilidade atribuídos ao presidente ou ao vice-presidente da República ocorrerá por meio de uma CPI realizada no Senado; caso haja a condenação definitiva no plenário do Congresso Nacional, o mandatário ficará inabilitado por oito anos para o exercício de uma nova função pública, sem prejuízo das demais sanções judiciais cabíveis. Há controvérsias sobre a possibilidade de a mesma penalidade ser aplicada aos chefes de executivos dos governos subnacionais, em razão da autonomia legislativa; porém, no caso do estado de São Paulo, como não há legislação estadual específica sobre a punição do governador por crime de responsabilidade, aplica-se a legislação federal por simetria.

DEMOCRACIA, PODERES DO ESTADO E CONTROLE SOCIAL NO BRASIL | **51**

> **COMENTÁRIO**
>
> De acordo com Pedone e colaboradores (2002:201-202), a CPI que investigou o caso PC Farias/Collor representou um marco para a tarefa de fiscalização do Legislativo ao revelar os caminhos percorridos por uma rede de corrupção que envolveu o presidente da República e lhe custou o mandato num processo de *impeachment*, que foi resultado dos trabalhos desenvolvidos pela comissão.

Além da CPI, os autores (2002:204-205) identificam outros três instrumentos de controle que o Legislativo pode empregar:

- proposta de fiscalização e controle (PFC);
- solicitação de informação ao Tribunal de Contas (SIT);
- requerimento de informação (RT).

Qualquer parlamentar pode solicitar para a comissão específica, desde que fundamentada, uma PFC.

Cabe ao Tribunal de Contas realizá-la e, posteriormente, prestar esclarecimentos a qualquer comissão do Legislativo no prazo definido regimentalmente.

O requerimento de informações é o instrumento apropriado para que membros do governo esclareçam o Legislativo sempre que forem convocados formalmente.

Tais mecanismos podem ser acionados em qualquer âmbito de poder.

A história recente mostra que, além do presidente Collor, diversos prefeitos e parlamentares perderam seus mandatos ou renunciaram após o início ou a conclusão dos trabalhos de CPIs.

A discussão e a aprovação da proposta orçamentária enviada pelo Executivo, bem como a aprovação de sua execução, após uma análise efetuada pelo Tribunal de Contas, também representam formas de controle do Legislativo sobre o governo.

No entanto, o acionamento de tais mecanismos pelo Legislativo depende, muitas vezes, do grau de autonomia desse poder em relação ao Executivo.

Conforme já se destacou, um dos principais obstáculos para que o Poder Legislativo exerça com autonomia a sua função de órgão de controle do governo está no tipo de relação que esse Poder mantém com o Executivo.

Um governante cuja maioria parlamentar tenha se baseado na oferta de cargos e favores para os parlamentares estará muito mais protegido de uma eventual abertura de CPI para investigar alguma denúncia de corrupção no seu governo do que um outro cuja maioria parlamentar tenha se baseado no bem comum (Teixeira, 1999).

O Poder Judiciário

O controle pelo Judiciário visa, sobretudo, à garantia de que os procedimentos legais serão respeitados pelo administrador público. O Judiciário observa "tanto a conformidade com a lei como os elementos que a legitimam" (Oliveira, 1994:67). O controle exercido pelo Judiciário tem como fundamento fazer valer os princípios constitucionais que norteiam a atuação do gestor público no Estado democrático de direito.[10] Ou seja, o governante está sujeito a limites legais tanto de competência quanto de autoridade.

Com isso, as decisões da administração pública, do Legislativo ou de qualquer outro órgão público, inclusive os de controle do Executivo, estarão sujeitas a questionamento judicial. Nenhuma decisão terá caráter definitivo enquanto o Judiciário, caso seja demandado, não se pronunciar sobre ela.

Como é do Poder Judiciário a tarefa de dirimir, em caráter definitivo, todo e qualquer tipo de conflito, ele controla a legitimidade dos comportamentos da administração pública, anula suas condutas ilegítimas, compele aquelas que seriam obrigatórias e condena-a a indenizar os lesados, quando for o caso (Bandeira de Mello, 2000:214).

Para desenvolver suas atividades de controle sobre a administração pública, o sistema de justiça dispõe de diversos mecanismos, entre os quais podemos citar (Bandeira de Mello, 2000:214-217): o *habeas corpus*, o mandado de segurança, o *habeas data*, o mandado de injunção, a ação popular, a ação civil pública e a ação direta de inconstitucionalidade.

CONCEITOS-CHAVE

O *mandado de segurança* representa uma forma de garantir a proteção de um direito que foi violado.

Qualquer governante que adotar medidas que desrespeitem a lei estará sujeito a tal procedimento jurídico.

O *habeas corpus* visa proteger a integridade das pessoas que estão sofrendo algum tipo de abuso de poder.

O *mandado de injunção* é aplicado nos casos em que inexiste uma norma regulamentadora. Representa um meio de obrigar o poder público a não se omitir em relação a situações inéditas. Em outras palavras, visa garantir acesso do cidadão a algum direito quando ainda não foi editada uma norma regulamentadora.

---

[10] São os princípios de *legalidade, impessoalidade, moralidade, publicidade* e *eficiência*, previstos no art. 37 da Constituição de 1988.

> O *habeas data* tem como objetivo retificar informações prejudiciais ao indivíduo presentes nos bancos de dados de órgãos governamentais e privados.
>
> Ação popular, qualquer grupo de cidadãos pode reivindicar que seja considerado sem efeito algum ato que prejudique o patrimônio público, a moralidade administrativa, o meio ambiente e o patrimônio histórico e cultural.
>
> A ação civil pública pode ser requerida pelo Ministério Público, pela União, pelos estados e pelas fundações e associações. Esse mecanismo visa proteger o meio ambiente, o consumidor e o patrimônio histórico e turístico; além disso, busca punir o responsável pelo dano.
>
> A ação direta de inconstitucionalidade tem como objetivo questionar a validade de leis ou de atos normativos e, se for o caso, requerer a sua eliminação (Bandeira de Mello, 2000).

Apesar desses mecanismos, para demonstrar a pouca eficácia do controle exercido pelo Judiciário, o Conselho Científico do Clad (2000:45) aponta para o número reduzido de punições para casos de corrupção, o desrespeito aos direitos humanos e as interferências políticas dos juízes do Supremo Tribunal junto ao Executivo como um problema comum em toda a América Latina.

O Tribunal de Contas

De acordo com o art. 70 da Constituição Federal, o controle de contas é exercido pelo Congresso Nacional com o auxílio do Tribunal de Contas. Esse tribunal tem a função de fazer a análise da execução financeira e orçamentária, operacional e patrimonial da administração pública.

Nos estados, o controle de contas do Executivo é exercido pelas assembleias legislativas com o auxílio dos tribunais de contas estaduais. Nos municípios, a gestão orçamentária do Executivo é controlada pelas respectivas câmaras municipais com o auxílio dos tribunais de contas nos locais onde houver tais órgãos.[11] Entretanto, os tribunais de contas, apesar de estarem definidos na Constituição Federal de 1988 como órgãos auxiliares do Poder Legislativo no controle financeiro e orçamentário da administração pública, possuem autonomia em relação aos demais poderes e, por isso, não integram a estrutura formal de nenhum deles.

Como diz Ayres de Britto (2001:32-33): "Além de não ser órgão do Poder Legislativo, o Tribunal de Contas não é órgão auxiliar, naquele sentido de subalternidade, de linha hierárquica."

Os tribunais de contas dispõem de orçamentos próprios, isto é, não dependem do Legislativo, e de garantias que lhes permitem desenvolver suas atividades de controle e

---

[11] Apenas as cidades de São Paulo e do Rio de Janeiro contam com Tribunal de Contas do Município. Os demais municípios têm suas contas auditadas pelos tribunais estaduais. A Constituição Federal de 1988 impede que tribunais de contas sejam criados em outras cidades.

julgamento das contas dos governantes, das ações do próprio Legislativo e também das suas próprias.[12]

O julgamento de contas, contratos e atividades do Executivo que envolvam qualquer tipo de bem público terá por base os princípios da legalidade, da legitimidade e da economicidade.

A análise com base no princípio da legalidade tem como objetivo verificar se todos os procedimentos legais do que está sendo avaliado foram cumpridos.

Ou seja, se, no decorrer do processo, não foi violada nenhuma legislação e nenhum componente das formalidades que cercam o que está sendo posto em questão. No entanto, nada assegura que, somente com o cumprimento da lei, o interesse público será contemplado.

Assim, o princípio da legitimidade é uma forma de garantir que o gasto, mesmo não sendo considerado ilegal, seja efetuado em real sintonia com os interesses da coletividade.

Portanto, trata-se de um princípio dosado de subjetividade, o que representa um grande desafio para o controlador pelo fato de o mérito da validade do gasto depender, sobretudo, do conjunto de valores éticos que referencia suas decisões (do controlador).

Por exemplo, em tempos de crise econômica, pode-se questionar a legitimidade, e não a legalidade, de um gasto efetuado para ampliar o orçamento destinado à propaganda governamental enquanto os setores de saúde, habitação e educação permanecem recebendo recursos muito aquém do volume de demandas a que precisam atender. Assim, trata-se de dois princípios (legalidade + legitimidade) cujas ações se complementam.

> **COMENTÁRIO**
>
> Conclui-se, dessa forma, que a junção desses dois princípios pode garantir que a lei seja cumprida com justiça.
>
> O princípio da economicidade refere-se à relação entre o custo e o benefício gerado pela ação da administração pública.
>
> Trata-se de verificar se os gastos efetuados produziram resultados satisfatórios.

O princípio da economicidade liga-se diretamente ao da eficiência, cujo objetivo é, com o menor ônus possível para o erário público, produzir resultados realmente eficientes

---

[12] Os tribunais de contas também são responsáveis pelo julgamento das contas das mesas do Legislativo e de suas próprias contas. Como veremos no capítulo 4, os controladores não são, formalmente, controlados por ninguém.

DEMOCRACIA, PODERES DO ESTADO E CONTROLE SOCIAL NO BRASIL | 55

para o conjunto dos cidadãos. Portanto, esse princípio não deve ser interpretado simplesmente como uma ação voltada para se adquirir um serviço com o menor custo possível.

Além da questão do custo, deve-se levar em conta o resultado de tal serviço. Para além dessas questões, a aprovação da Lei Complementar nº 101, de 4 de maio de 2000 (Lei de Responsabilidade Fiscal), trouxe novas atribuições para os tribunais de contas ao repassar-lhes a tarefa de fiscalizar o governante quanto ao cumprimento das normas nela (lei complementar) previstas; entre estas, estão:

- a limitação de despesas com pessoal;
- os limites e as condições para a realização das operações de crédito.

Dessa forma, o parecer prévio sobre as contas dos governantes, emitido anualmente pelos tribunais de contas, inclui as exigências referentes à limitação de gastos contida na Lei de Responsabilidade Fiscal.

Destaque-se ainda que, no art. 71, da Constituição Federal, estão previstas as funções pertinentes aos tribunais de contas.

Para melhor organizar o significado de tais atribuições, elas podem ser divididas em três funções: julgadora, fiscalizadora e informativa.

> **COMENTÁRIO**
>
> No que se refere à "função julgadora", fica bastante clara a força que a decisão do Tribunal de Contas pode ter sobre a vida pública de um político: cabe ao órgão julgar os atos e as contas de todos os ordenadores de despesas da administração direta (ou da indireta) que envolvam o patrimônio público.

Nesse caso, o Tribunal de Contas foca questões como superfaturamento e desvio de recursos. Uma condenação que se consubstancie em multa e na abertura de processo civil ou criminal pode ter consequência direta sobre a carreira política do chefe do Executivo por se tratar de pessoa que está ocupando um cargo público em confiança. Para alguns juristas envolvidos diretamente com o tema "controle de contas", a emissão do parecer prévio das contas anuais do Executivo é uma função meramente opinativa em razão de a decisão do Tribunal de Contas não ter caráter definitivo.

Se alguma irregularidade nas contas do chefe do Executivo for constatada, a emissão de um parecer prévio para rejeitá-las, além de significar um enorme desgaste político pessoal para o governante, poderá resultar, caso o Legislativo acate o parecer, na sua inelegibilidade durante as eleições que ocorrerão nos cinco anos subsequentes à rejeição das contas.

No caso da cidade de São Paulo, por exemplo, a posição final do colegiado do Tribunal de Contas, quando chega à Câmara Municipal, só poderá ser rejeitada por dois terços dos vereadores presentes em plenário. Por tal razão, assumimos o risco de incluir a emissão de tal parecer como parte de uma função "quase-julgadora", em consequência do seu conteúdo vinculante.

A câmara não tem o poder de modificar o parecer do tribunal, mas somente de aceitá-lo ou rejeitá-lo. O Tribunal de Contas também julga a legalidade da admissão de pessoal tanto na administração direta quanto na indireta, exceto nas contratações para os chamados cargos em confiança.

> **COMENTÁRIO**
>
> Sobre a função fiscalizadora, cabe ao Tribunal de Contas realizar, por iniciativa própria, ou, então, provocado pelo Legislativo, inspeções e auditorias nas unidades administrativas de qualquer órgão público.

Cabe ainda ao tribunal emitir posteriormente um parecer sobre as eventuais irregularidades verificadas pelos auditores. A fiscalização inclui também a aplicação adequada de recursos financeiros, bem como as contas de empresas de cujo capital social o poder público participe.

> **COMENTÁRIO**
>
> A função informativa ocorre em razão de o Tribunal de Contas ter de responder a pedidos de esclarecimento solicitados pelo Legislativo, ou por qualquer de suas respectivas comissões, sobre as áreas fiscalizadas (contábil, financeira, orçamentária, operacional e patrimonial) e os resultados de auditorias e inspeções realizadas.

Convém destacar que, apesar de a Constituição Federal se reportar às funções específicas do Tribunal de Contas da União, tais procedimentos são também adotados, com as respectivas peculiaridades, pelos demais tribunais de contas dos estados e dos municípios de São Paulo e do Rio de Janeiro, únicas cidades que possuem órgãos exclusivos para fiscalizar as contas dos seus prefeitos.

Verifica-se, nas atribuições já destacadas, que o Tribunal de Contas assume a tarefa de julgar as contas do Executivo e os gastos dos demais membros da administração pública.

Além de multas e sustação de iniciativas consideradas ilegais, um veto à prestação de contas do governante de um município pode deixá-lo inelegível por cinco anos. Isso acontecerá se no mínimo dois terços do total de parlamentares presentes (no dia da votação do parecer contrário às contas) não se posicionarem contra a decisão do tribunal. Ou seja, a decisão do órgão de controle de contas tem caráter vinculante.

Controle do Estado sobre a sociedade

O debate sobre essa forma de controle leva-nos a destacar a importância que os contratualistas atribuíram à lei e ao Estado não só por fornecerem as diretrizes básicas que norteiam a vida social como também por criarem mecanismos que obrigam todos a assimilar tais diretrizes.

Ingressou-se assim na etapa em que a convivência social passou a ser regulamentada por regras preestabelecidas, e não mais mediada pela força física ou pelo poderio econômico.

Portanto, numa democracia, o controle que o Estado exerce sobre a sociedade existe fundamentalmente para garantir a prevalência da igualdade de direitos entre as pessoas, independentemente de diferenças culturais, econômicas e étnicas que possam ser verificadas.

Fica difícil imaginar o fluir democrático das relações sociais sem essa forma de controle.

A convivência social precisa ser regulamentada a fim de que as pessoas saibam quais são os seus limites de ação e para que o Estado acione os mecanismos repressivos toda vez que o mais forte ameaçar dominar o mais fraco, ou que o mais rico tentar oprimir o mais pobre.

Cabe, então, ao Estado impedir que "o homem não se torne lobo do homem" e dar condições de eficácia para todos os instrumentos legais que existem a fim de garantir os princípios liberais de defesa da propriedade e da liberdade.

Caso os mecanismos institucionais acionados não sejam suficientes para garantir a segurança dos cidadãos, o Estado tem em suas mãos o monopólio da violência legítima para restabelecer a paz social.

Martins (1994:150) destaca a importância da lei e da presença do Estado para garantir que a vida social se paute por relações harmônicas.

O autor recorre a argumentos construídos por alguns clássicos do pensamento político para demonstrar como essa questão vem sendo uma preocupação que permeia a reflexão sobre a vida em sociedade ao longo do tempo.

Vejamos: Conforme ensinavam os clássicos, uma das principais prerrogativas do poder soberano é ditar normas gerais e estabelecer critérios de avaliação, "de tal modo que cada pessoa saiba o que deve entender como próprio e como alheio, como justo e como injusto, como honesto e desonesto, bom e mau" (Thomas Hobbes). Diziam eles, sabidamente, que o principal remédio contra o arbítrio é a constituição de um poder que estabeleça leis certas e fixas,

iguais para todos e que nomeie juízes aptos a aplicá-las (Locke). Para Kant, a única Constituição aceitável é "aquela em que a lei é soberana e não depende de nenhuma pessoa em particular".

Verifica-se, então, que esse poder soberano no Estado democrático é exercido pelas instituições estatais encarregadas de garantir a harmonia social.

> **COMENTÁRIO**
>
> Por um lado, as leis produzidas pelos representantes do povo formam a base da convivência social; por outro, os mecanismos encarregados de fazer valer a força dessas leis, a segurança pública e o sistema de justiça são acionados sempre que a harmonia social está em risco.

É por meio da autoridade do Estado e do uso do monopólio da violência legítima, sempre que necessário, que se garante que a vida social não entre em processo de desestruturação. Esse processo pode ser ocasionado por grupos que se põem à margem da ordem social para desafiar constantemente a soberania exercida pelo Estado.[13] Assim, como diz Martins (1994:150), "os controles que a sociedade exerce sobre si mesma, embora fundamentais, não são suficientes".

Dessa forma, fica difícil imaginar uma sociedade sem Estado e sem a necessidade de leis num ambiente social em que "os apetites individuais e de grupos, ao se expressarem livremente, transformam o homem em lobo do homem" (Martins, 1994:150). Não por acaso, nos dias atuais, a vida social está cada vez mais judicializada.

---

[13] Sobram exemplos em relação a grupos que desafiam a ordem social; o próprio Estado tem se demonstrado ineficaz em combatê-los por meio do uso da violência legítima. A força do narcotráfico e a ação do crime organizado dentro dos presídios estão entre tais exemplos.

Capítulo 3

Desenvolvimento da administração pública no Brasil e relações intergovernamentais

Neste capítulo, serão discutidas questões relacionadas ao federalismo brasileiro e ao funcionamento da administração pública, sobretudo no que se refere às atividades do governo. Inicialmente, a ênfase será no atual desenvolvimento do pacto federativo brasileiro e no modelo que emergiu da Constituição Federal de 1988, com destaque para as atribuições de cada ente governamental – União, estados e municípios. Encerra o módulo um breve resumo histórico sobre como se desenvolveu a administração pública no Brasil, com ênfase no período republicano.

Federalismo e pacto federativo no Brasil

Federalismo: origem e desenvolvimento

Formalmente criado com a Constituição dos Estados Unidos, de 1787, o Estado Federal (que aqui chamamos de federalismo) se traduz na junção de estados sob o comando de um poder central e com forte descentralização de poder e competências.

As responsabilidades e competências de cada nível de poder estão delineadas na Constituição Federal.

Portanto, quando se fala em federalismo, faz-se referência direta a um país em que a responsabilidade pela administração pública está compartilhada entre os governos nos níveis local (municípios), regional (estados) e nacional (União), numa relação de poder em que a soberania emana do poder central (União).

Nessa estrutura, cabe aos governos estaduais e municipais se organizarem para exercer suas competências, montar as suas estruturas administrativas e desempenhar todas as suas funções conforme o que está proclamado na Constituição Federal.

Como diz Dallari (2007), a Constituição Federal se impõe num Estado federativo e não se constitui num simples tratado entre países-membros.

Para reiterar, na Carta Magna estão presentes todos os temas de interesse dos membros da federação, assim como as competências específicas atinentes a estes.

Naturalmente, esses membros devem orientar suas ações conforme os ditames constitucionais.

Note-se que não pode haver, no âmbito dos federados, qualquer tipo de regra ou conduta que contrarie o que reza a Constituição.

> **EXEMPLO**
>
> Em qualquer circunstância, o pacto federativo é inviolável.
>
> Não existe meio legal para que um membro da federação dela se retire ou se declare independente.

Ou seja, a dissolução do pacto federativo só pode ocorrer com o advento de uma nova Constituição, o que geralmente decorre de um processo revolucionário ou uma mudança de regime político.

Essas situações promovem mudanças estruturais profundas na ordem jurídica e exigem uma nova Constituição.

A diferença entre os Estados federativos e os não federativos (Estados unitários) é que estes últimos possuem apenas duas instâncias de poder: o governo central e o municipal.

Nessa estrutura, geralmente existe uma grande concentração de poder e de prerrogativas como no governo central; disso decorre pouca ou quase nenhuma autonomia dos municípios.

Portanto, os Estados unitários não contam com uma instância intermediária regional – que são os "estados", como são chamados no Brasil e nos Estados Unidos.

Em países como a Argentina e a Venezuela, os estados são chamados de "províncias"; na Bolívia, de "departamentos".

Dentre os exemplos de Estados unitários contemporâneos, podemos citar França, Inglaterra, Uruguai e Chile.

O federalismo brasileiro

Implantado no Brasil simultaneamente à Proclamação da República e formalizado com a Constituição de 1891, o federalismo brasileiro acabou se inspirando no modelo norte-americano, embora, na origem, as razões de sua criação tenham sido completamente diferentes.

Ao analisar o contexto em que se originou o federalismo brasileiro, Fernando Abrucio e Valeriano Costa (1999) apontaram duas diferenças básicas em relação à federação norte-americana, à qual se referem como "a musa inspiradora".

A primeira se deve ao fato de que, no caso brasileiro, partiu-se "de um Estado centralizado e unitário para um modelo descentralizador de poder".

Os estados norte-americanos, por sua vez, se constituíram a partir da união de 13 ex-colônias para formar uma federação. Ou seja, no caso americano, partiu-se da divisão para a união.

COMENTÁRIO

Desse processo, segundo os autores, decorre a segunda diferença: o federalismo brasileiro "foi motivado apenas pelo sentimento de autonomia dos estados", ao passo que o americano foi produto da necessidade de união.

Portanto, o federalismo brasileiro teve como origem um poder centralizado que se distribuiu por diferentes unidades federativas, sem que claramente o grau de autonomia dos estados e dos municípios fosse efetivamente delimitado. Assim, mesmo com esse processo de aparente descentralização, foi mantido um poder central que ora se perdia, ora se fortalecia.

Essa alternância permaneceu até o fim do regime militar de 1964. Quando se observa a literatura sobre o desenvolvimento político do Brasil, é possível notar que muitos autores constataram que a política local e o grau de autonomia da administração pública municipal dependiam essencialmente do perfil do regime político em vigor.

Neves (2000) constata que, após a independência, o Brasil conviveu com uma grande alternância de regimes que ora tendiam a centralizar o poder político e administrativo no plano federal, ora ensaiavam, mesmo que de maneira tímida, um processo de descentralização.

COMENTÁRIO

Para Neves, os períodos do Império (1827 a 1889), do Estado Novo (1930 a 1945) e do governo militar (1964 a 1984) foram marcados pela forte hegemonia da União. Essa hegemonia era uma consequência das diversas facetas dos regimes autoritários levados a cabo no país, com a submissão da política de estados e municípios aos desígnios de um poder central (Teixeira e Carneiro, 2009).

Essa periodização proposta por Neves (2000) é importante para se compreender a possível ligação entre democracia e descentralização.

Ou seja, observa-se que, nos períodos autoritários, a tendência foi de concentrar o poder no nível federal e esvaziar desse poder estados e municípios.

Na sequência serão destacadas algumas características particulares da relação existente entre os entes federativos em cada um dos períodos constitucionais da história republicana brasileira. Esses períodos nos ajudam a entender melhor que o processo de descentralização está diretamente ligado à consolidação da democracia.

Administração pública brasileira: da Primeira República ao golpe militar de 1964

O federalismo na Primeira República (1889-1930) foi marcado pela presença muito forte da política estadual, o que conferia um razoável grau de autonomia aos estados.

O presidente da República dependia fundamentalmente dos governadores estaduais para tomar medidas e evitar crises de governo.

Do ponto de vista do exercício do poder central, esse período também ficou conhecido como a República dos Governadores e, em termos de exercício do poder político, foi chamado de República do Café com Leite, em decorrência do acordo político existente entre as oligarquias de São Paulo (do setor cafeeiro) e Minas Gerais (dos produtores de leite).

Estas se uniram para controlar o poder central e utilizá-lo em prol de seus interesses econômicos (venda de café e leite).

Nesse período, o município mantinha-se como uma unidade de poder extremamente frágil. Durante a era Vargas (1930-1945), o federalismo brasileiro passou por um processo de transformação. Em resposta ao forte "estadualismo" da Primeira República, a Constituição de 1934 definiu mais claramente o papel da União e reduziu as atribuições dos estados, embora tenha mantido o princípio da autonomia dos estados federativos.

Entretanto, em 1937, iniciou-se o período autoritário da era Vargas, denominado Estado Novo. Nesse período, a excessiva centralização de poder nas mãos do presidente da República deu-lhe a possibilidade de intervir nos estados e controlar as instituições políticas. Desse modo, tudo o que se relacionava às ações de governo emanava do poder central.

Restava a estados e municípios a tarefa de executar o que era definido pela presidência da República.

Com o fim do Estado Novo, em 1945, e a promulgação da Constituição democrática de 1946, a tendência centralizadora foi revertida: devolveu-se a autonomia a estados e municípios e concedeu-se a estes o direito de se autogovernar.

Entretanto, os avanços ocorreram de forma incompleta. Por mais que estados e municípios tenham ganhado autonomia administrativa e novas competências, os recursos para se tornarem governos autônomos, de fato, foram insuficientes. Então, permaneceu uma forte dependência econômica em relação ao governo federal. Ou seja, sem a autonomia financeira, a autonomia administrativa não se realizou de forma completa.

Entre 1964 e 1984, o desenvolvimento da democracia e a descentralização das ações do governo foram novamente interrompidos no Brasil. Com o golpe militar, retomou-se novamente uma perspectiva centralizadora e, mais uma vez, estados e municípios tiveram suas atribuições e competências políticas extremamente reduzidas.

A Constituição Militar promulgada em 1967 centralizou as responsabilidades na esfera federal. Assim, municípios e estados tiveram de retomar a função de executores de políticas públicas definidas exclusivamente em âmbito federal, numa relação verticalizada e hierárquica.

COMENTÁRIO

Uma questão importante e que bem demonstra o processo de centralização de poder no governo federal pode ser verificada com a criação das regiões metropolitanas (RMs).

As RMs brasileiras surgiram em dois momentos: o primeiro, que problematizaremos agora, durante o regime militar, no final dos anos 1960; o segundo, já sob a égide da democracia, será visto mais adiante, com a Constituição de 1988.

As RMs[14] da primeira fase foram criadas a fim de organizar estruturas administrativas com a participação dos municípios envolvidos. Dessa forma, as grandes cidades, sobretudo capitais de estados brasileiros, poderiam estabelecer conjuntamente políticas públicas em assuntos de interesse comum aos municípios.

Cabia a esses municípios, junto com estados e União, organizar um fundo de financiamento das políticas metropolitanas.

Entretanto, o processo de criação de RMs não partiu da vontade dos municípios e nem mesmo do convencimento de que tal arranjo era importante ou vantajoso para eles.

---

[14] Foram nove as RMs criadas, todas polarizadas por capitais de estados brasileiros: Belém (PA), Belo Horizonte (MG), Curitiba (PR), Fortaleza (CE), Porto Alegre (RS), Recife (PE), Salvador (BA), São Paulo (SP) e Rio de Janeiro (RJ).

Da mesma forma, os estados foram excluídos dessa iniciativa; apesar disso, ficaram responsáveis pela implantação dos arranjos metropolitanos por obrigação imposta pela União.

A prerrogativa de criar RMs constava da Emenda Constitucional nº 1, inserida no art. 164 da Constituição Federal que estava em vigor (a de 1967) durante o regime militar, com o seguinte texto:

> A União, mediante Lei Complementar, poderá, para realização de serviços comuns, estabelecer regiões metropolitanas constituídas por municípios que, independentemente de sua vinculação administrativa, façam parte de uma mesma comunidade socioeconômica.

COMENTÁRIO

Esse primeiro processo foi caracterizado por Souza (2001) como um modelo centralizador e tecnoburocrático em razão do forte intervencionismo da União.

Dele resultou a criação de nove regiões metropolitanas, como já sabemos, em torno das principais capitais brasileiras.

Nessas RMs viviam, ao final dos anos 1970, cerca de 29% da população brasileira (Gouvêa, 2005:93).

Esse fato já demonstrava a importância política das áreas metropolitanas num contexto de alto grau de concentração populacional e realçava a importância de se estabelecerem políticas públicas de grande alcance nesses territórios.

Entretanto, sobretudo em razão de ser um processo que se deu de cima para baixo, sem negociação e ainda vindo de um governo autoritário, essa institucionalidade acabou não logrando êxito e ficou apenas no papel.

Até hoje as RMs, em vez de cuidar da gestão dos problemas metropolitanos, servem muito mais para estudiosos tratarem da questão da urbanização e para que diferentes institutos realizem levantamentos sobre emprego, desemprego e custo de vida.

É importante ressaltar o caráter de arranjo institucional das RMs. Não se tratava da criação de um novo ente federativo, e sim da associação de municípios conturbados, geralmente em volta de uma grande capital, com o apoio do governo estadual, numa mesma estrutura administrativa.

COMENTÁRIO

O objetivo dessa associação, nas condições em que se deu, era planejar e efetivar a gestão de políticas públicas de interesse comum, cujo alcance suplantava a fronteira territorial de cada município isoladamente.

Balanço do federalismo entre a Primeira República e o regime militar

Entre a Primeira República (1891) e o final do regime militar, nos idos de 1980, o Brasil não foi um Estado federativo por completo.

Afinal, a distribuição de poder e de competências entre os entes federativos ocorrida na prática não correspondia ao que seria, de fato, um Estado federativo.

Esse hiato de tempo teve como característica a concentração de poder nas mãos do governo federal, que deixava para estados e municípios, na maioria das vezes, funções de natureza residual e poucos recursos para planejá-las e executá-las de forma efetiva.

Para um país de extensa dimensão territorial e de grande diversidade cultural como o Brasil, a centralização das ações públicas quase que exclusivamente no governo federal acabou repercutindo de maneira negativa, pois estados e municípios ficaram impedidos de planejar suas políticas públicas, bem como suas estratégias de desenvolvimento de acordo com suas realidades e vocações.

As políticas de desenvolvimento, educação, saúde e outras ações públicas eram elaboradas pelo governo federal e aplicadas da mesma forma para todos os estados e municípios sem levar em consideração diferenças culturais, econômicas e sociais que sempre caracterizaram cada região brasileira.

Basta lembrar que, durante o regime militar, tivemos uma política nacional de alfabetização com um único conteúdo independentemente de o alfabetizando morar nas regiões Sul, Sudeste, Norte, Nordeste ou Centro-Oeste.

Ou seja, o sertanejo do Nordeste, que convivia diariamente com a seca e cresceu com os valores culturais do sertão, tinha de ler a mesma cartilha que o morador do interior da região Sul, cujo espaço geográfico e os valores culturais eram completamente distintos.

Desse modo, na medida em que o sertanejo não conseguia associar o conteúdo do material didático ao qual tinha acesso à realidade em que vivia, o seu processo de aprendizagem era mais lento e, com frequência, extremamente difícil.

Quando a realidade local torna-se ponto de partida para pensar ações dessa natureza, o aprendizado ganha mais sentido porque as coisas passam a ter significado concreto para as pessoas.

Situações como essa acabaram estimulando a demanda por um intenso debate sobre descentrali-

zação de poder e políticas públicas no Brasil. Era preciso efetivar não apenas uma melhor distribuição de competências entre os entes federativos mas também permitir que as políticas públicas e as ações governamentais passassem a ser pensadas localmente, respeitando as vocações e os valores já existentes.

Nesse processo, a sociedade civil, ator até então ausente do debate sobre os destinos do Estado brasileiro, começa a emergir por meio de diferentes formas associativas que se organizaram para lutar contra o regime militar e, posteriormente, buscaram democratizar as relações do Estado com a sociedade (Sader, 1988). É nesse período que surge o novo sindicalismo na região do ABC, que acabou desafiando o regime militar ao promover greves por melhores salários e condições de trabalho e a exigir a redemocratização do país.

COMENTÁRIO
Nesse bojo, questões ligadas à descentralização passaram a vincular-se diretamente à necessidade de democratização das relações entre Estado e sociedade.
Assim, começaram a surgir demandas por espaços institucionalizados de participação social para além do processo eleitoral.

Debater esse processo de demanda por descentralização e democratização que permeou a elaboração da Constituição de 1988, conhecida como Constituição Cidadã, é o que faremos na próxima seção.

A administração pública brasileira pós-1988

O processo político que culminou com a elaboração da Constituição de 1988 teve início ainda na década de 1970, com a emergência de diferentes associações civis que buscaram fazer oposição ao regime militar.

Organizados em movimentos sociais urbanos que lutavam por melhores salários e creches, contra a carestia e a favor de políticas de habitação, entre outras demandas, as novas organizações civis se transformaram em atores políticos.

Esses atores buscavam não apenas apresentar demandas mas também interferir no perfil das políticas públicas e na forma de ação do Estado. Neste momento, os grandes centros urbanos brasileiros já haviam passado por um significativo nível de mobilização social de contestação ao regime militar.

As organizações da sociedade civil, cujas origens eram recentes, à medida que presenciavam o processo de redemocratização, concentravam seus esforços em prol da abertura de novos canais de participação social na administração pública.

Tais organizações reivindicavam ainda a descentralização de políticas públicas do poder central para estados e municípios (Sader, 1988).

Com o retorno das eleições diretas para governadores de estado em 1982, a campanha das diretas para presidente, em 1984, e a eleição do congresso constituinte, em 1986, a sociedade brasileira se preparava para desenhar um novo arcabouço jurídico para o país.

Farah (2000) observa que: a agenda de reforma que então se definiu, com iniciativas inovadoras por parte de governos estaduais de oposição, a partir de 1982, e consolidação na Constituição de 1988, teve como eixos a democratização dos processos decisórios e a equidade dos resultados das políticas públicas (a democratização passa a ser vista como condição da equidade dos resultados).

A Constituição Federal de 1988 não apenas promoveu a descentralização das políticas públicas e alterou a forma de organização do Estado como também modificou de maneira significativa o papel de estados e municípios. Ambos ganharam mais competências e adquiriram *status* de entes federativos com autonomia política, legislativa, administrativa e financeira (Teixeira e Carneiro, 2009).

Por exemplo, os estados, além de elaborar constituições estaduais próprias, passaram a ter o direito de criar novas regiões metropolitanas e montar suas estruturas de gestão, antes prerrogativa exclusiva da União.

Os municípios, além de assumir um conjunto de novas atribuições, como planejadores e executores de políticas públicas em educação, entre outras áreas, tiveram garantida sua auto-organização, com a prerrogativa de elaborar suas próprias leis orgânicas, as "constituições municipais".

EXEMPLO

Outra questão associada à descentralização que gerou grande impacto no quadro federativo nacional e decorreu da Constituição Federal de 1988 foi a atribuição dada aos estados para legislar sobre a criação de novas unidades municipais.

68 | ESTADO, GOVERNO E ADMINISTRAÇÃO PÚBLICA

Anteriormente, a questão era objeto de rigorosa legislação federal, que, por sua vez, dificultava a criação de municípios.[15] O resultado imediato de sua revogação e da promulgação de legislação substitutiva mais flexível, no âmbito estadual, foi a constituição de 1.243 novos municípios na década de 1990.[16]

A tabela 1 traz informações sobre a evolução do número de municípios desde 1968.

TABELA 1: EVOLUÇÃO DO NÚMERO DE MUNICÍPIOS NO BRASIL

Ano	Número de municípios	Municípios criados
1968	3.954	—
1987	4.263	309
2000	5.506	1.243
2008	5.563	58

Fonte: Braga e Pateis (2003); IBGE (2008).

Como se pode verificar, em 40 anos houve um incremento de 1.610 novos municípios no Brasil. Observa-se ainda que, entre 1968 e 1987, quando vigorava uma regra mais rigorosa, o crescimento do número de municípios foi de 309.

Fica evidente que, a partir de 1988, a inexistência de requisitos para definir as condições para a instalação de novas municipalidades (tais como a população mínima para a transformação de um distrito em município) acabou facilitando o surgimento de novas unidades locais de governo.

A análise desse fenômeno, em geral, aponta como responsáveis algumas lideranças políticas e determinados partidos que visavam tomar conta de novas estruturas de poder para alimentar carreiras políticas ou ampliar seus colégios eleitorais.

Na maioria dos casos, de fato, buscavam os "novos" eleitores, e não o atendimento dos interesses legítimos de comunidades que desejavam a própria emancipação.

---

[15] O Decreto-Lei nº 1, de 9 de novembro de 1967, e o Decreto-Lei Complementar nº 9, de 31 de dezembro de 1969, estabeleciam critérios restritivos para a criação de novos municípios: população mínima de 10 mil habitantes ou não inferior a cinco milésimos da existente no estado; eleitorado não inferior a 10% da população; centro urbano com número de casas não inferior a 200; arrecadação, no último exercício, de cinco milésimos da receita estadual advinda de impostos; condições apropriadas para a instalação da prefeitura e da Câmara Municipal, entre outros itens (Braga e Pateis, 2003).

[16] No estado de São Paulo, a criação de novos municípios é regida pela Lei Complementar nº 651, de 31 de julho de 1990, que estabelece requisitos mais flexíveis quando comparados às exigências em vigor durante o regime militar; dentre eles: realizar um plebiscito (a iniciativa para tal deveria partir de, pelo menos, 100 eleitores domiciliados na área que desejava se emancipar); constatar-se que a área a ser emancipada tenha sido um distrito por mais de dois anos; verificar se a área territorial a ser emancipada tinha, no mínimo, mil eleitores. Importante destacar que desapareceu a exigência de os novos municípios terem condições apropriadas para a instalação da Prefeitura e da Câmara Municipal o que, de fato, paradoxalmente, muitas vezes ocorreu tamanha a fragilidade do local (Braga e Pateis, 2003).

> **COMENTÁRIO**
>
> De qualquer forma, o problema de fundo talvez seja o desinteresse do próprio cidadão quanto aos destinos de seus distritos e cidades.
>
> Além disso, a falta de compromisso dos governos municipais com o planejamento e a gestão das cidades também contribuiu para esse problema.
>
> Da mesma forma, durante o período militar, o tema metropolitano também esteve na agenda dos constituintes sob uma nova ótica: o olhar da democracia.

A partir de então, a criação de RMs deixou de ser uma imposição do governo federal e passou a ocorrer por lei estadual como parte do processo de planejamento das políticas públicas e das ações urbanas dos estados (Spink, Teixeira e Clemente, 2009).

Entretanto, a participação dos municípios se manteve de forma coercitiva, já que eles continuaram sem a possibilidade de optar por não fazer parte desse novo arranjo institucional-administrativo, *salvo em determinadas situações*, quando, então, podem, espontaneamente, solicitar o ingresso na região metropolitana.[17]

No art. 25, § 3º, da Constituição Federal de 1988, a transferência de responsabilidade para os estados, no que se refere à criação de RMs, foi prevista da seguinte maneira:

> Os estados poderão, mediante lei complementar, instituir regiões metropolitanas, aglomerações urbanas e microrregiões, constituídas por agrupamentos de municípios limítrofes, para integrar a organização, o planejamento e a execução de funções públicas de interesse comum.

Verifica-se no texto constitucional destacado acima que os estados, por meio de lei complementar, assumiram a prerrogativa de criar novas RMs e regulamentar seu funcionamento. Tal fato representou um grande avanço em relação à legislação anterior já que os estados, até então, apenas se responsabilizavam pela estruturação das áreas metropolitanas que lhes eram impostas pelo poder central.

Os constituintes de 1988 romperam com os modelos e as práticas de centralização às quais as

---

[17] Lei Complementar do estado de Pernambuco (10/1994) prevê requisitos para que um município possa fazer parte da RM de Recife, mas não esclarece se tal iniciativa pode partir do próprio município ou se é uma decisão que depende exclusivamente do governo estadual, caso alguma prefeitura o requeira.

RMs estavam associadas desde a legislação editada no regime militar (Souza, 2001); entretanto, mantiveram sua *característica adscrita* (Spink, Teixeira e Clemente, 2009).

Nessa nova fase, já foram criadas 19 RMs no entorno de capitais e cidades consideradas polos econômicos regionais do interior de diversos estados.[18]

COMENTÁRIO

No que se refere à implementação de políticas públicas de alcance metropolitano, podem ser identificadas duas diferentes tendências presentes nas duas fases destacadas.

A primeira, resultante do próprio período autoritário, se caracterizou pelo forte intervencionismo da União, que, além de legislar sobre as RMs, centralizou o financiamento das políticas públicas e aplicou recursos, principalmente, em saneamento, sistema viário e transporte urbano.

No processo de redemocratização, após a Constituição de 1988, prevaleceu o discurso municipalista em contraposição à cultura centralizadora.

Na avaliação de Moura (2003), tal discurso era *esvaziado*, mas tinha "eficácia na proposição ou na implementação de políticas públicas" apesar de não apresentar muitos resultados em *âmbito metropolitano*.

Como visto, em nenhuma de suas duas fases de criação, as RMs representaram uma alternativa viável de articulação intermunicipal para a resolução de problemas comuns.

Os consórcios como alternativa de cooperação entre municípios

A maneira impositiva como os municípios eram postos nas regiões metropolitanas talvez responda parcialmente pelo fracasso desse arranjo intermunicipal.

Entretanto, os problemas socioeconômicos gerados pela conturbação persistiam e, aos poucos, de forma espontânea, municípios de diferentes portes populacionais, tanto urbanos quanto rurais, foram se reunindo para enfrentá-los, o que gerou os chamados consórcios intermunicipais.

Os consórcios são uma alternativa de integração cuja área de atuação é construída pelos próprios atores sociais envolvidos em função do problema a ser enfrentado.

Cruz (2002) os define como uma forma de organizar a regionalização a partir da base municipal com sentido ascendente. Esses consórcios são formados a partir da inicia-

---

[18] As novas RMs (pós-1988) por estado foram: Paraná (Londrina e Maringá); Santa Catarina (Carbonífera, Foz do Itajaí, Florianópolis, Norte e Nordeste catarinenses, Tubarão e Vale do Itajaí); São Paulo (Baixada Santista e Campinas); Minas Gerais (Vale do Aço); Espírito Santo (Vitória); Alagoas (Maceió); Paraíba (João Pessoa); Rio Grande do Norte (Natal); Maranhão (São Luis); Goiás (Goiânia); Macapá (AP); Natal (RN). As RMs catarinenses criadas entre 1998 e 2003 foram todas extintas pelo governo estadual em 2007.

tiva dos municípios interessados, *com características comuns e dificuldades compartilhadas.* Trata-se, portanto, de uma "parceria" baseada numa relação de igualdade jurídica, na qual todos os participantes têm a mesma importância.

> **COMENTÁRIO**
>
> Os consórcios possibilitam a territorialização dos problemas para além das tradicionais fronteiras municipais.
>
> O surgimento dos consórcios, que é anterior à Constituição de 1988, ocorreu de forma espontânea, como uma maneira de unir esforços e economizar recursos já que diferentes prefeituras se reuniam numa única estrutura institucional para fazer frente a um problema comum.

Cruz (2002) identifica experiências dessa natureza no estado de São Paulo, nos anos 1960, com a implantação do Consórcio para o Desenvolvimento Social da região de Bauru e, nos anos 1970, com o Consórcio para o Desenvolvimento do Vale do Paraíba.

Na Constituição de 1988, os consórcios aparecem como uma opção para a organização intermunicipal de maneira muito genérica. No art. nº 241 da Emenda Constitucional nº 19, de 4 de junho de 1998, está previsto que:

> A União, os Estados, o Distrito Federal e os Municípios disciplinarão por meio de lei os consórcios públicos e os convênios de cooperação entre os entes federados, autorizando a gestão associada de serviços públicos, bem como a transferência total ou parcial de encargos, serviços, pessoal e bens essenciais à continuidade dos serviços transferidos.

Um marco para os consórcios se deu por intermédio da aprovação da Lei de Consórcios Públicos nº 11.107, de 6 de abril de 2005.

Estão contidos nessa lei os parâmetros legais para a contratação de consórcios públicos, bem como as diferentes formas de organização que podem assumir tais associações; além disso, está ressaltado o caráter voluntário para a adesão de municípios.

Vale lembrar ainda que tanto o estado quanto a União podem fazer parte de consórcios com os municípios em caráter subsidiário.

Com os consórcios, a tendência é que, no futuro, surjam novas instâncias de planejamento e gestão, principalmente, para municípios e estados.

Com isso, espera-se que os estados recuperem sua função essencial de coordenação de políticas intermunicipais, o que aliviará a agenda do governo federal.

Como resultado, esperam-se respostas efetivas às demandas de infraestrutura e à agenda social em nível subnacional.

Com isso, o governo federal poderá se ocupar mais com a política externa do país no contexto da nova ordem internacional fundada em blocos regionais, sob a qual recai a agenda da sustentabilidade e da inclusão social.

A tabela 2 apresenta a quantidade de consórcios entre municípios existentes no Brasil, em 2005, agrupados por setores.

Nos últimos 40 anos, partindo da cota zero, hoje eles praticamente equivalem ao número total de municípios do país.

TABELA 2: CONSÓRCIO PÚBLICO INTERMUNICIPAL
NA ÁREA DA ADMINISTRAÇÃO MUNICIPAL

Área de política pública	Total	Em %
	4.537	100
Saúde	1.906	42,0
Meio ambiente	387	8,5
Turismo	351	7,7
Saneamento/resíduos sólidos	343	7,6
Transporte	295	6,5
Desenvolvimento urbano	255	5,6
Educação	248	5,5
Assistência e desenvolvimento social	222	4,9
Cultura	161	3,6
Direito da criança e do adolescente	149	3,3
Emprego/trabalho	114	2,5
Habitação	106	2,3

Fonte: IBGE, *Perfil de informações básicas municipais*, 2005.
Obs.: Esse perfil não inclui os consórcios com participação de governos estaduais.

Conforme podemos ver na tabela acima, a área da saúde representa quase metade de todos os consórcios intermunicipais existentes no país.

Um exemplo interessante ocorre no Vale do Ribeira, no estado de São Paulo, uma das regiões mais pobres do Brasil; ali, 26 de seus municípios se reuniram e criaram o Consórcio Intermunicipal de Saúde do Vale do Ribeira (Consaúde).[19]

Instância responsável pela gestão de todos os serviços de saúde de baixa e média complexidades, o Consaúde engloba os 26 municípios consorciados.

Foi após a criação do consórcio que vários atendimentos de urgência, antes realizados em São Paulo, passaram a ser direcionados ao Hospital Regional, uma vez que, conjuntamente, os municípios conse-

---

[19] Ver <www.consaude.org.br>.

guiram viabilizar a contratação de médicos especializados e a aquisição de equipamentos adequados para o atendimento de tais demandas.

Antes da existência do Consaúde, os moradores dessas cidades tinham de se dirigir a São Paulo, o que implicava custos e transtornos.

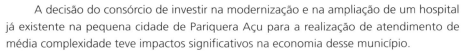

Uma das vantagens do consórcio, nesse caso, foi o fato de todas as 26 prefeituras se unirem para enfrentar um problema que era comum a todos os cidadãos daqueles municípios: o acesso à saúde.

A decisão do consórcio de investir na modernização e na ampliação de um hospital já existente na pequena cidade de Pariquera Açu para a realização de atendimento de média complexidade teve impactos significativos na economia desse município.

Vale ressaltar que o meio ambiente também tem presença significativa na economia, já que a ação conjunta se traduz no reconhecimento de que tal problema não tem território definido e que apenas um esforço conjunto pode minimizar os danos ambientais.

EXEMPLO

Uma experiência importante vem ocorrendo na região da bacia hidrográfica do Alto Rio Negro catarinense desde o final dos anos 1990, quando foi criado o Consórcio Quiriri (Jacobi e Teixeira, 2000).

Após a realização de um processo de planejamento participativo, quatro municípios da bacia do rio Negro (São Bento do Sul, Rio Negrinho, Campo Alegre e Corupá) tomaram um conjunto de medidas para preservar o rio que abastece a região; dentre elas, podemos citar:

- a criação de unidades de conservação;
- o estímulo à formação de cooperativas de materiais recicláveis;
- a construção de aterros sanitários adequados aos padrões ambientais;
- a aquisição de incinerador de resíduos químicos decorrentes das atividades da indústria moveleira, principal atividade econômica da região (Teixeira, 2004).

A lógica que orientou os trabalhos baseava-se no seguinte princípio: não adiantaria uma ação isolada se os outros municípios continuassem poluindo o rio.

Os recursos para a manutenção do consórcio eram provenientes da contribuição financeira dos quatro municípios. Como resultado dessa experiência, criou-se o parlamento ambiental; ali, vereadores das quatro cidades se reuniam uma vez por mês para debater as ações do Quiriri.[20]

---

[20] Ver <www.quiriri.com.br>.

Outras experiências podem ainda ser destacadas:

a) Na região do ABC paulista, sete municípios que pertencem formalmente à região metropolitana de São Paulo se consorciaram em 2000 para discutir o futuro da região num momento em que ela passava por um forte processo de mudança com a saída de indústrias para outras regiões do estado e do Brasil.

b) Por meio do consórcio, foram formulados planos estratégicos nos mais diversos setores com o objetivo de enfrentar esse problema e minimizar os efeitos econômicos de tais mudanças.[21]

c) No estado da Bahia, por meio do Consórcio Intermunicipal da Bacia do Rio Jiquiriçá, outra iniciativa importante ocorreu na área que envolve 25 municípios localizados entre o semiárido e a baía de Todos os Santos, na região metropolitana de Salvador.

d) A experiência do Consórcio Intermunicipal de Produção e Abastecimento (Cinpra), que reúne 26 municípios no entorno de São Luís, capital do estado do Maranhão. Criado em 1997, o Cinpra se voltou para o fortalecimento da agricultura familiar por meio do estímulo ao cooperativismo e da capacitação técnica dos pequenos produtores. Após três anos de existência (Barboza e Arouca, 2002), verificaram-se dois resultados importantes:

- a produção de gêneros alimentícios antes importados de outros estados, com a consequente redução de preço para o consumo;
- a diminuição do fluxo migratório de moradores das cidades consorciadas, que, antes, buscavam melhores condições de vida em São Luís.

Ou seja, a experiência contribuiu para fixar agricultores no campo. Após isso, seis novos consórcios foram criados no Maranhão nos mesmos moldes e com objetivos idênticos.

Breves considerações

Verificou-se que a Constituição de 1988 promoveu a descentralização de poder e de serviços entre os entes federativos; além disso, possibilitou o surgimento, ou a reformulação, de arranjos intergovernamentais com o objetivo de maximizar esforços para enfrentar os problemas socioeconômicos vivenciados coletivamente em municípios de uma mesma região.

---

[21] Ver <www.consorcioabc.org.br>.

Independentemente de os arranjos estarem sob a forma de regiões metropolitanas ou se denominarem consórcios intermunicipais, eles não implicaram a criação de novos entes federativos.

As mudanças fundamentais em relação ao período do regime militar foram:

- no caso das RMs, a descentralização da responsabilidade de sua criação para os estados;

- no caso dos consórcios, a reafirmação do caráter voluntário da adesão pelos municípios.

Enfim, União, estados e municípios são tratados como entes federativos, sendo que os dois últimos passam a gozar de autonomia administrativa e capacidade de autogoverno; além disso, podem ampliar a possibilidade de receita por meio da prerrogativa de instituir e cobrar tributos próprios.

A distribuição de poder e competências por nível de governo

Quando se fala em "aparelho do Estado", faz-se necessário destacar que o Brasil, no ano de 1995, passou por um intenso debate sobre a reforma do Estado.

Nessa discussão, partiu-se do diagnóstico de que havia atividades que deveriam permanecer exclusivamente na esfera estatal e outras que poderiam ser executadas por organizações públicas não estatais e por empresas privadas.

O quadro 2 sintetiza a proposta – de gestão das atividades do Estado – que emergiu do Plano Diretor de Reforma do Estado, de 1995.

Esse plano foi levado adiante pelo Ministério da Reforma do Estado durante o primeiro mandato do governo Fernando Henrique Cardoso e implantado, de maneira ainda que parcial, na própria gestão FHC durante os seus dois mandatos, de 1995 a 1998 e de 1999 a 2002.

QUADRO 2: SETORES DO ESTADO E FORMAS DE PROPRIEDADE

	Forma de propriedade			Forma de administração	
	Estatal	Pública não estatal	Privada	Burocrática	Gerencial
Núcleo estratégico: Legislativo, Judiciário, Presidência, cúpula dos ministérios, Ministério Público	X			X	X
Atividades exclusivas: regulamentação, fiscalização, fomento, segurança pública, seguridade social básica	X				X

Serviços não exclusivos: universidades, hospitais, centros de pesquisa, museus	Publicização	X			X
Produção para o mercado: empresas estatais		Privatização	X		X

Fonte: Alcoforado (2004:10).

Como se vê no quadro 2, as atividades do Estado, de acordo com a proposta do Plano Diretor de Reforma, passaram a ser divididas em ações que se estruturam da seguinte maneira:

- núcleo estratégico;
- atividades exclusivas;
- serviços não exclusivos;
- produção para o mercado.

No núcleo estratégico, em que estão presentes as atividades do Poder Legislativo, da cúpula dos ministérios e do Ministério Público, a ação deveria continuar sendo realizada exclusivamente pelo Estado porque envolve um conjunto de fatores fundamentalmente estratégicos para o país, como:

- a condução do governo;
- a política externa;
- a produção de leis;
- as políticas públicas de alcance social;
- a proteção dos interesses dos cidadãos.

COMENTÁRIO

As atividades consideradas exclusivas (regulamentação, fiscalização, fomento, segurança pública e seguridade social) permanecem sob a responsabilidade exclusiva do Estado porque exigem critérios públicos e isonomia para o seu desenvolvimento.

> **EXEMPLO**
>
> Nos campos da regulação e da fiscalização, as agências reguladoras, criadas no bojo da discussão da reforma, tornaram-se importantes instrumentos para o controle da prestação de serviços que hoje são centrais para o interesse público, como:
>
> - planos de saúde;
> - aviação e transporte terrestre;
> - energia elétrica, entre outros.
>
>
>
> Apenas como exemplo, não seria razoável imaginar a privatização da segurança pública.

Entretanto, o maior avanço no processo de reforma foi registrado nos chamados "serviços não exclusivos". Tais atribuições, antes exercidas pelo Estado, passaram a pertencer ao rol de atividades que poderiam ser realizadas pela chamada "propriedade pública não estatal", conhecida formalmente como organização social (OS).

As OS – denominação criada formalmente como produto da discussão da Reforma do Estado – se referem a um conjunto de associações civis sem fins lucrativos que assumem diferentes denominações, como associações e fundações, entre outras.

O fato de a organização ser reconhecida como OS lhe permite, por meio de um contrato de gestão, prestar serviços considerados de interesse público. Entre tais serviços estão: atividades culturais, administração de hospitais, atividades relacionadas ao meio ambiente, administração de equipamentos sociais, incluindo as atividades relacionadas à educação etc.

Grande parte do setor de atendimento à saúde, em diversos estados e capitais brasileiros, vem sendo gerida por OS.

Os argumentos favoráveis coincidem com o que foi destacado por Alcoforado (2004). Ele afirma que esse tipo de serviço muitas vezes requer agilidade na aquisição de produtos e flexibilização na contratação de pessoal, o que as regras da administração pública acabam não permitindo.

Nas parcerias entre o Estado e a OS, a qualidade dos serviços e a forma de gestão são pactuadas no contrato de gestão e este serve não apenas como um instrumento de controle dos resultados como também para o monitoramento do cumprimento de metas.

Alcoforado (2004) aponta um conjunto de argumentos para justificar as vantagens da adoção do "modelo OS" para a gestão exclusiva destas atividades pelo Estado:

> A Organização Social é apropriada para a execução dos serviços sociais que requerem flexibilidade de gestão e agilidade, sem ter de se submeter às leis de licitação pública nem à contratação de pessoal por concurso.

Isto não quer dizer que a organização não disponha de controles.

Ao contrário, existem regras que estão adequadas às atividades desenvolvidas pela organização, mas que não implicam demora nem utilizam etapas que venham a dificultar ou atrasar a prestação do serviço público à população.

Além disso, a Organização Social utiliza controles de empresa privada, principalmente em relação às áreas contábil, financeira, de suprimentos e de recursos humanos.

Alcoforado (2004:3) destaca que, no contrato de gestão das OS, geralmente estão previstos três tipos de metas.

Metas organizacionais:

- dizem respeito à gestão da organização e medem a eficiência dos administradores que a conduzem;
- são importantes para a profissionalização dos serviços prestados;
- incluem os indicadores econômico-financeiros, de organização interna e as metas de captação de recursos próprios.

Metas de produção:

- são aquelas relacionadas diretamente à atividade-fim da organização;
- medem a capacidade da organização de alcançar índices adequados de prestação dos serviços a que se propõe.

Metas sociais:

- ampliam o acesso democrático das parcelas mais carentes da população aos serviços públicos executados pela organização; ao fazê-lo, beneficiam essas pessoas com a inclusão social;
- podem, dependendo do serviço público prestado, estabelecer parcerias com entidades educacionais, ou mesmo filantrópicas, para o alcance de seus objetivos.

Evidencia-se, nesse caso, que o Estado detém, via contrato de gestão, um importante instrumento para cobrar a execução dos serviços com qualidade.

E pode também, já que monitora as atividades, exigir que se tomem medidas que possibilitem a correção de desvios de rota, pois estes podem comprometer o desempenho da política pública que, neste caso, passou a ser executada por organizações sociais.

Por fim, a leitura do quadro também destaca as atividades direcionadas para o mercado.

Nelas se inserem atividades, antes exercidas pelo Estado, que foram transferidas para a iniciativa privada por meio do processo de privatização, mas com regulação do Estado que possibilite controlar a qualidade do serviço que está sendo prestado.

Entre elas estão a distribuição de energia, a telefonia e a exploração de minérios.

Estrutura da administração pública no Brasil

Após discutir o desenvolvimento do pacto federativo brasileiro, as funções do Estado, as formas de prestação de serviços públicos e verificar que os entes federativos possuem autonomia e competências próprias, faz-se necessário apresentar como se encontra distribuída a estrutura dos poderes no Estado brasileiro por ente federativo.

O objetivo é oferecer um panorama para verificar a repartição de poderes entre os entes, bem como a organização política destes. O quadro 3 traz essas informações.

QUADRO 3: DISTRIBUIÇÃO DOS PODERES POR ENTE FEDERATIVO

Ente federativo	Poder Executivo	Poder Legislativo	Poder Judiciário
União	Presidente da República	Congresso Nacional (Câmara dos Deputados + Senado)	Conselho Nacional de Justiça, tribunais superiores, tribunais regionais e juízes de primeira instância.
Estado	Governador	Assembleia Legislativa	Tribunal de Justiça e juízes de primeira instância
Município	Prefeito	Câmaras municipais	Não existe

Fonte: Queiroz (2010:21).

Conforme pode ser visualizado no quadro 3, o Brasil é um país federativo composto por três entes governamentais: União, estados e municípios. Tanto a organização quanto o funcionamento e as atribuições dos poderes estão delineados em legislações específicas.

No âmbito da União, a Constituição Federal traz os parâmetros para as instituições nacionais e define as bases para estados e municípios. Com base na Constituição Federal, os estados elaboram suas constituições. Por meio desses instrumentos legais, governos estaduais e municipais definem a estrutura, a organização e as atribuições de cada instituição pública, inclusive no que se refere ao papel e à responsabilidade de cada ente na execução de políticas públicas.

Cada ente federativo possui capacidade de autogoverno, estrutura própria de governo e casa legislativa, que se encarrega de produzir leis para regular a ação da administração pública e tudo o que se refere às funções atribuídas a esses dois entes (estados e municípios). Entretanto, os municípios não possuem instância judiciária municipal. Ou seja, o Poder Judiciário está presente nos estados e na União, sendo que os tribunais superiores, que tomam decisões em caráter definitivo, estão vinculados ao Poder Central, isto é, à União. Como reza a Constituição, tudo o que não for resolvido definitivamente nos tribunais estaduais poderá ser objeto de apreciação dos tribunais federais para resolução em caráter definitivo.

Para demonstrar a importância e a magnitude das funções desempenhadas por pessoas eleitas pelo voto direto dos cidadãos, tanto para o Executivo quanto para o Legislativo, nos três entes federativos, Queiroz (2010) contabiliza a existência de 59.223 cargos, distribuídos da seguinte maneira.

No Executivo, um total de 5.591 cargos de chefe que se referem a:

- um presidente da República;
- 27 governadores;
- 5.563 prefeitos.

No Legislativo são:

- 81 senadores;
- 513 deputados federais;
- 1.059 deputados estaduais;
- 51.979 vereadores.

Ao todo, são 53.362 cargos.

Como se vê, os cargos do Poder Judiciário não foram incluídos porque o acesso a eles baseia-se no mérito.

Do ponto de vista das competências em matéria de políticas públicas, pode-se afirmar que elas são mais compartilhadas do que exclusivas para o exercício de cada ente federativo.

Em relação à área da saúde, a União desempenha hoje muito mais as funções de planejamento, regulação e financiamento do que a de executora direta dos serviços.

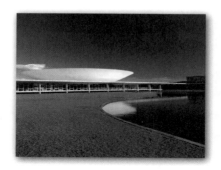

EXEMPLO

O governo federal planejou o programa "saúde da família" e estabeleceu seu marco regulatório básico; entretanto, a gestão do programa vem ficando a cargo de estados e municípios, na medida em que são eles que contratam funcionários, viabilizam a estrutura e organizam o atendimento.

No conjunto, o Sistema Único de Saúde repete o mesmo processo.

EXEMPLO

O setor de educação é outro exemplo interessante.

Do ponto de vista das competências, cabe ao município a responsabilidade pelo ensino básico; aos estados, pelo ensino médio; à União, pelo ensino superior. Contudo, nem todos os municípios conseguiram trazer a gestão da rede de ensino básico para as prefeituras; além disso, a maior parte delas depende de recursos provenientes de fundos federais e estaduais para manter suas redes.

Existe, ainda, uma presença muito forte da rede estadual no ensino básico em diferentes partes do país.

Por outro lado, a cooperação entre os entes – tanto do ponto de vista do financiamento quanto da complementaridade de ações – é algo extremamente recorrente e reforça o pacto federativo brasileiro.

A Constituição de 1988, em seus incisos VI, VII e IX, destaca a necessidade de cooperação técnica e financeira do Estado e da União para a realização de diferentes políticas públicas nos municípios:

> VI. manter, com a cooperação técnica e financeira da União e do Estado, programas de educação infantil e de ensino fundamental (inciso com redação dada pela Emenda Constitucional nº 53, de 2006);
> VII. prestar, com a cooperação técnica e financeira da União e do Estado, serviços de atendimento à saúde da população;
> IX. promover a proteção do patrimônio histórico-cultural local, observada a legislação e a ação fiscalizadora federal e estadual.

No que se refere ao ensino técnico, existe uma extensa rede sob responsabilidade do governo estadual paulista, como as escolas técnicas estaduais de São Paulo (Etecs) e as faculdades de tecnologia do estado de São Paulo (Fatecs). Assim como o governo estadual paulista, a União vem ampliando a oferta de vagas de acesso ao ensino técnico em escolas federais, como os centros federais de educação tecnológica (Cefets).

Com relação ao ensino superior, as universidades estaduais estão presentes – de maneira tão significativa quanto as federais – em praticamente todos os estados do país. Entretanto, é preciso lembrar que o caráter regulador da área educacional é prerrogativa do governo federal.

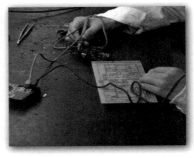

Por outro lado, existem competências que são exclusivas tanto para estados quanto para municípios. Por exemplo, a segurança pública e o corpo de bombeiros são prerrogativas exclusivas dos governos estaduais.

Mesmo que os municípios tenham suas guardas municipais ou metropolitanas, estas são consideradas guardas de proteção ao patrimônio público, e não uma atividade voltada para a segurança do cidadão. Os municípios possuem a competência exclusiva para legislar sobre o uso e a ocupação do solo urbano, por isso têm a obrigatoriedade de formular um plano diretor. Nesse plano, está delineado o tipo de empreendimento que pode ou não ser erguido em cada um dos bairros que faz parte do espaço urbano da cidade. Também é prerrogativa dos municípios a coleta e o tratamento dos resíduos sólidos.

Por outro lado, os entes federativos ora agem de maneira cooperativa, ora desenvolvem políticas públicas concorrentes na medida em que as responsabilidades pela execução de determinadas atividades estão partilhadas entre eles. Nesse rol, entre tantas outras, podem ser incluídas ainda as seguintes atividades: habitação, saneamento, cultura e lazer, turismo, combate à pobreza.

Entretanto, é possível haver uma política nacional de habitação elaborada no plano federal, mas negociada com governadores e prefeitos para ser executada conjuntamente. Do mesmo modo, o programa Bolsa-Família, apesar de federal, conta com importante participação dos municípios na fiscalização do cadastro dos beneficiários.

COMENTÁRIO

É importante lembrar que, quando falamos em "administração pública", estamos fazendo referência direta a todas as instituições do Estado que buscam, de diferentes maneiras, a promoção do bem comum.

Promover o bem comum inclui não apenas a proteção da vida do cidadão e de sua liberdade mas também o acesso a bens culturais e a serviços públicos básicos, essenciais à promoção da dignidade humana, como:

• educação;

• assistência social;

• saúde;

• moradia.

Esse conjunto de questões implica diretamente a montagem de uma estrutura capaz de promover a boa gestão de todas as questões relacionadas aos interesses coletivos. Para tanto, a administração pública brasileira está dividida da seguinte maneira: administração direta e administração indireta.

Administração direta

Os órgãos que fazem parte da administração direta são aqueles que, vinculados ao poder central, estão sob a responsabilidade direta do chefe do Executivo, seja ele o presidente da República, o governador ou o prefeito.

Entre as características de tais órgãos destacam-se:

- a ausência de personalidade jurídica própria – todos compõem o Poder Executivo;
- o financiamento, pelo orçamento público, de sua estrutura funcional e de suas ações.

Isoladamente, esses órgãos não arrecadam recursos e, portanto, não possuem autonomia orçamentária.

No âmbito federal, os ministérios, as secretarias especiais e os outros órgãos ligados diretamente à Presidência da República integram a administração direta.

Nos estados, a administração direta reúne as diferentes secretarias estaduais e as assessorias do governador; o mesmo vale para os municípios quando se faz referência às secretarias municipais ou às assessorias do prefeito.

No presidencialismo brasileiro, a nomeação de pessoas para chefiar ministérios, secretarias e demais órgãos da administração direta é prerrogativa exclusiva do chefe do Poder Executivo.

Não existe um número fixo de órgãos na administração direta, pois cada governo pode criar, extinguir ou mesmo promover a junção de órgãos numa única estrutura.

Segundo Queiroz (2010:28), a administração direta do governo federal brasileiro, em novembro de 2009, era composta de:

- Presidência da República, vice-presidência e mais 13 órgãos cujos titulares possuíam *status* ministerial (Advocacia-Geral da União, Banco Central do Brasil, Controladoria-Geral da União, Casa Civil, Secretaria Especial de Políticas de Promoção da Igualdade Racial, Secretaria Especial de Políticas para as Mulheres, Secretaria Especial dos Portos, Secretaria Especial de Direitos Humanos, entre outros);
- 24 ministérios.

Como se pode verificar, estão presentes, na estrutura da administração direta, os órgãos encarregados de realizar as necessidades coletivas básicas da sociedade, como o acesso a:

- educação;
- saúde;
- cultura e lazer;
- programas de desenvolvimento (agricultura, previdência, assistência social, entre outros).

Administração indireta

As entidades da administração indireta possuem personalidade jurídica própria e, portanto, não estão diretamente ligadas ao chefe do Poder Executivo.

Executam ou prestam diferentes serviços de interesse público com base em legislação particular, além de manter regime (de relação de trabalho) diferenciado em relação ao dos funcionários públicos estatutários (que ingressaram por concurso público) da administração direta, no que se refere a garantias e direitos ligados à Previdência Social.

Os órgãos da administração indireta geralmente são vinculados a um ministério; muitos arrecadam recursos com a prestação de serviços ou a venda de produtos, o que lhes permite autonomia financeira e de planejamento e aproxima suas ações do modo de atuação de uma empresa privada.

Recebem diferentes denominações:

- autarquias;
- fundações públicas;
- empresas públicas;
- sociedades de economia mista.

Autarquias

CONCEITO-CHAVE

Com legislação própria, as autarquias são órgãos que gozam de autonomia de planejamento e ação e, por isso, respondem diretamente pelas atividades que desenvolvem.

Possuem ainda autonomia financeira e de gestão, além de patrimônio próprio.

EXEMPLO

São exemplos de autarquias no âmbito do governo federal:

- Departamento Nacional de Infraestrutura de Transporte (DNIT);
- Banco Central (BCB);
- Comissão de Valores Mobiliários (CVM);
- Conselho Administrativo de Defesa Econômica (Cade);
- Instituto Brasileiro de Meio Ambiente e Recursos Naturais Renováveis (Ibama);
- Agências reguladoras.

As *agências reguladoras* têm como função organizar e atualizar o marco regulatório de serviços públicos prestados por empresas concessionárias ou permissionárias. Assim, a partir desse marco, podem fiscalizar o cumprimento dos contratos de prestação de serviços quanto à qualidade destes e em relação aos contratos de investimentos para a manutenção da qualidade de tais serviços ao longo do tempo.

São diversos os setores e as atividades que possuem serviços públicos – realizados por empresas concessionárias ou permissionárias – sujeitos à regulação e à fiscalização das agências reguladoras.

Destacamos alguns deles e as agências que os fiscalizam:

- setor de telefonia – Agência Nacional de Telecomunicações (Anatel);
- de aviação civil – Agência Nacional de Aviação Civil (Anac);
- de transportes terrestres – Agência Nacional de Transportes Terrestres (ANTT);
- de saúde suplementar, planos de saúde – Agência Nacional de Saúde Suplementar (ANS);
- de energia elétrica – Agência Nacional de Energia Elétrica (Aneel);
- de petróleo, gás natural e biocombustíveis – Agência Nacional do Petróleo, Gás Natural e Biocombustíveis (ANP).

Fundações públicas

> **CONCEITO-CHAVE**
>
> As *fundações públicas*, geralmente vinculadas a um ministério, são entidades de direito público criadas por autorização legislativa.
>
> Caracterizam-se por desenvolver uma gama diferente de atividades sem fins lucrativos em áreas como educação, saúde, cultura e pesquisa, que, direta ou indiretamente, resultam na produção de bens de interesse coletivo.

No âmbito do governo federal, existem hoje cerca de 50 fundações que atuam em diferentes setores e produzem diversas formas de bens coletivos:

- *em educação*, podem ser destacadas fundações ligadas a universidades federais, como a Fundação Universidade do Rio de Janeiro (UniRio) e a Fundação Universidade Federal de São Paulo (Unifesp), entre tantas outras;
- *em pesquisa*, a Fundação Instituto de Pesquisa Econômica Aplicada (Ipea) e a Fundação Instituto Brasileiro de Geografia e Estatística (IBGE) são alguns dos exemplos;
- *em cultura*, a Fundação Nacional de Artes (Funarte) e a Fundação Biblioteca Nacional (BN) formam um conjunto de mais de uma dezena de fundações que atuam apenas nesse setor.

Resumidamente, as fundações de universidades federais podem prestar serviços relacionados à produção de conhecimento e capacitação.

As do setor de pesquisa produzem dados para auxiliar na compreensão da realidade social brasileira, o que propicia um importante suporte para a elaboração de políticas públicas.

As fundações com perfil de atuação ligado ao setor cultural existem para estimular a produção de bens culturais das diferentes manifestações étnicas que formam a população brasileira, sobretudo aquelas produções culturais de grupos étnicos que não encontram apoio nas dinâmicas de mercado.

EXEMPLO

São exemplos de fundações com esse perfil:

- a Fundação Cultural Palmares (FCP), que promove a valorização e a disseminação da cultura negra;
- a Fundação Nacional de Amparo ao Índio (Funai), que está encarregada não apenas de garantir a posse da terra e dar assistência à população indígena mas também de revitalizar as atividades e as técnicas tradicionais desse segmento.

Empresas públicas

As *empresas públicas*, entidades de personalidade jurídica de direito privado, estão vinculadas aos ministérios ou à Presidência da República e formam um importante segmento dentro da administração pública indireta brasileira.

Atuam na prestação de serviços e em apoio aos diversos setores que formam a economia brasileira.

Assumem ainda importante papel no desenvolvimento socioeconômico do país na medida em que suas atividades contemplam tanto os pequenos quanto os grandes negócios, sejam eles urbanos ou rurais.

Vale ressaltar que o capital dessas empresas é exclusivamente público.

Existem, atualmente, no Brasil, cerca de duas dezenas de empresas públicas.

No Ministério da Defesa, existem três; entre elas destaca-se a Empresa Brasileira de Infraestrutura Aeroportuária (Infraero), que cuida da infraestrutura dos aeroportos brasileiros e os administra.

No Ministério da Agricultura, Pecuária e Abastecimento, encontram-se importantes empresas públicas; dentre elas: Empresa Brasileira de Pesquisa Agropecuária (Embrapa), que assume papel estratégico na produção de conhecimento – usufruído tanto por grandes quanto por pequenos produtores – para a melhoria da produção agrícola no Brasil; Companhia Nacional de Abastecimento (Conab), cuja função é gerir as políticas agrícolas e de abastecimento do país para controlar os estoques e manter os preços dos produtos agrícolas – estratégia fundamental para controlar a inflação.

No Ministério do Desenvolvimento, Indústria e Comércio Exterior, o destaque é para o Banco de Desenvolvimento Econômico e Social (BNDES), que, desde que foi criado, no início dos anos 1950, vem se consolidando como a principal instituição pública com recursos para investir em diversos segmentos da economia brasileira e, naturalmente, desenvolvê-los.

Em seus editais, o BNDES vem incorporando as dimensões sociais e ambientais como exigência para que grupos privados interessados em financiamento possam apresentar projetos.

Sociedades de economia mista

> **CONCEITO-CHAVE**
>
> Sociedades de economia mista são empresas de *sociedade anônima* com personalidade jurídica de direito privado, criadas por legislação específica para a exploração de algum tipo de atividade econômica de interesse do Estado.

O capital das sociedades de economia mista é aberto, mas a maioria das ações pertence à União ou às empresas da administração indireta. Entretanto, mesmo não possuindo o controle sobre a maioria das ações, os acionistas privados detêm grande capacidade de interferir na definição da forma de atuação e nos planos de desenvolvimento de tais empresas, bem como de pressionar os acionistas

sempre que estes estiverem reunidos em assembleia. Também vinculadas a ministérios, as sociedades de economia mista estão presentes em diferentes setores da economia brasileira e, em alguns casos, da economia mundial.

> **EXEMPLO**
>
> A Empresa Brasileira de Petróleo (Petrobras) atua na prospecção, no refino e na distribuição de petróleo e derivados dentro Brasil e em diversos países do mundo.
>
> Atualmente, ela é uma das maiores e mais importantes empresas globais.
>
> Banco do Brasil (BB), com agências em diversos países, atua na prestação de serviços bancários e no apoio ao desenvolvimento do país com diferentes programas de financiamento.
>
> A Central Elétrica Brasileira (Eletrobras) atua em geração, transmissão e distribuição de energia elétrica e também é uma sociedade de economia mista.
>
> Conhecidas como "empresas subsidiárias", as subdivisões da Petrobras, do BB e da Eletrobras desenvolvem atividades específicas.

A Petrobras possui sete empresas subsidiárias; entre elas, destacam-se:

- Petrobras Transporte (Transpreto) – gerencia as atividades relativas ao armazenamento e ao transporte de petróleo e derivados (etanol, biocombustível e gás natural), bem como administra os gasodutos e os oleodutos que cortam o país;
- Petrobras Distribuidora – responde pelas seguintes atividades: importação e exportação, industrialização e comercialização de petróleo e derivados na rede de postos com a bandeira Petrobras;
- Petrobras Biocombustível – criada em 2008, atua na produção e na gestão de etanol e biodiesel, combustíveis *ambientalmente mais adequados* do que o petróleo convencional.

O Banco do Brasil conta com subsidiárias que atuam no país e no exterior; entre elas, destacam-se:

- Banco Popular do Brasil (BPB) – é o braço do BB encarregado de promover a inclusão bancária da população mais vulnerável economicamente, por meio da facilitação de acesso à conta-corrente e, naturalmente, aos serviços oferecidos pelo banco (talões de cheques, pagamentos e recebimentos, entre outros);

- Cobra Tecnologia – atua na manutenção e no desenvolvimento da área de tecnologia da informação para dar suporte à atuação do BB; além disso, dá suporte a outras instituições do setor bancário por meio da prestação de serviços.

A Eletrobras, por sua vez, também possui diversas subsidiárias que gerenciam parte do sistema de energia em diferentes regiões do país; entre elas, destacam-se:

- Eletronorte – é responsável pela geração de energia elétrica e pelo fornecimento desta para os estados da região Norte e também para o Mato Grosso;

- Eletronuclear – tem a finalidade de operar as usinas termonucleares já existentes – como as de Angra dos Reis – e construir novas; por isso, essa subsidiária, com sede no Rio de Janeiro, já expandiu suas atividades para o estado de Pernambuco, onde empreendimentos dessa natureza deverão ser viabilizados.

Considerações finais

Neste capítulo, discutimos o pacto federativo brasileiro e as competências de cada ente federativo, com ênfase na descentralização ocorrida a partir da Constituição Federal de 1988.

Verificamos nesta parte final que, para gerir o conjunto de atividades sob sua responsabilidade, os governos no Brasil, nos três níveis, estão divididos em "administração direta e administração indireta".

Na *direta*, localizam-se as atividades que interferem diretamente na vida dos cidadãos e nos interesses do Estado nos âmbitos interno e externo.

Entre os exemplos, estão os ministérios da Saúde, da Educação, das Relações Exteriores, da Justiça, do Planejamento e da Fazenda.

Na *administração indireta*, estão as entidades responsáveis pelas atividades econômica, social ou de pesquisa.

EXEMPLO

Como exemplos, podemos citar, entre outros, a Petrobras, a Fundação Oswaldo Cruz, o Ipea e o BNDES.

Além disso, discutimos as novas formas de prestação de serviços de interesse público possíveis desde a reforma ocorrida no governo Fernando Henrique Cardoso.

Capítulo 4

Participação e controle social no Brasil

Neste capítulo, a discussão recairá sobre a evolução do processo de participação social no Brasil. Será enfatizada não apenas a inclusão política, por meio do processo eleitoral, como também a construção de um conjunto de espaços institucionais voltados para promover o controle social sobre o Estado em suas diferentes atividades e ampliar, assim, as formas republicanas de manifestação.

Introdução

Desde a Proclamação da República até o final do regime militar, no início dos anos 1980, falar em controle social sobre o Estado e as autoridades eleitas se resumia, praticamente, ao processo de participação eleitoral.

O voto era a única maneira de os cidadãos vetarem a permanência de um mandatário em um cargo público; porém, a baixa inclusão eleitoral – tema central da primeira parte deste capítulo – tornava o processo político pouco representativo, embora favorecesse o questionamento acerca da validade do sufrágio como único processo de controle social sobre as ações do Estado.

No citado período, a sociedade foi se organizando, lentamente, em grupos de interesse e começou, então, a pressionar o Estado para que este criasse canais institucionalizados que pudessem não apenas captar as demandas públicas mas também interferir nos processos decisórios junto às suas próprias instituições.

Data dos anos 1970, período do regime militar, o fortalecimento das organizações da sociedade civil, cuja pressão por democracia levou a uma nova forma de relação com o Estado e as autoridades eleitas. Essas organizações puseram o processo eleitoral como uma das formas de controle social, e não mais a única.

> **COMENTÁRIO**
>
> O processo de redemocratização pós-regime militar de 1964, que culminou com a elaboração da Constituição Federal de 1988, promoveu mudanças profundas na estrutura política brasileira em todos os seus aspectos:
>
> - na redefinição de papéis dos entes federativos ao retorno das eleições diretas para todos os cargos de representação política;
> - na descentralização de competências e poderes – antes extremamente concentrados na União – à inclusão de novos atores políticos nos processos decisórios com a criação de *instâncias formais* de controle social em diferentes áreas do Estado.

Participação eleitoral no Brasil: da Primeira República ao regime militar

O Brasil notabilizou-se ao passar por mudanças políticas significativas sem que a elite dirigente, que se beneficiava da velha ordem, fosse derrotada e substituída por um novo grupo.

Ao contrário, a velha elite permaneceu como condutora do processo e continuou controlando a nova realidade, o que pode ser notado em dois eventos muito importantes:

- independência do país;
- Proclamação da República.

O processo de independência revela que a velha estrutura política da colônia acabou governando o país após a sua libertação.

Lembremo-nos de que foi o próprio imperador a dar o grito de independência – testemunhado apenas por seus auxiliares, sem povo e sem luta social.

Da mesma forma ocorreu com a Proclamação da República.

Um movimento sem levante popular levou o país a um novo regime político sem que as velhas estruturas de poder, baseadas nas oligarquias regionais, fossem desmontadas – tanto que a restrição ao direito de voto da mulher foi mantida e criou-se obstáculo para a inclusão eleitoral do analfabeto, antes não existente no Império. Ou seja, mudou sem transformar.

Neste capítulo, discutiremos, a partir das Constituições Federais republicanas, os processos de evolução da participação social no Brasil.

PARTICIPAÇÃO E CONTROLE SOCIAL NO BRASIL | **93**

Enfatizaremos não apenas a inclusão dos cidadãos na política – por meio do processo eleitoral da Primeira República – e na Constituição de 1988 como também a construção de um conjunto de espaços institucionais voltados para promover o controle social sobre o Estado em suas diferentes atividades.

Isso ampliará as formas republicanas de manifestação, o que só será possível com o final do regime militar.

Primeiramente, apresentaremos, no quadro 4, o processo de inclusão política durante a Primeira República e o modo como ele se deu.

As informações, retiradas do texto da Constituição Federal de 1891, revelam como a população brasileira teve reconhecidos os direitos políticos de votar e ser votado com a transição da Monarquia para a República.

QUADRO 4: A PARTICIPAÇÃO ELEITORAL NA CONSTITUIÇÃO FEDERAL DE 1891

Constituição Federal de 1891	São considerados eleitores (têm direito de votar e ser votados):	Não são considerados eleitores (estão impedidos de se alistar ou têm seus direitos suspensos) os que estiverem nas seguintes situações:
Arts. 70 e 71	Homens maiores de 21 anos.	• analfabetos • mendigos; • mulheres; • condenados criminalmente, enquanto durar a pena; • religiosos de qualquer ordem que renunciem à liberdade individual; • militares contratados em caráter temporário, sem ensino superior e com baixa remuneração (praças de Pret); • pessoas com incapacidade física ou moral; • pessoas que se naturalizaram em país estrangeiro; • pessoas que recebem salário ou aceitam pensão de governo estrangeiro sem autorização do governo brasileiro.

Fonte: Constituição Federal de 1891 – quadro elaborado pelo autor.

Conforme visto no quadro 4, a chegada da República no Brasil incorporou apenas os homens maiores de 21 anos no processo político.

As mulheres, um contingente de cerca de 50% da população, foram excluídas e não puderam exercer os direitos decorrentes da cidadania política: não podiam votar e, nem mesmo, ser votadas.

De outro lado, os analfabetos também ficaram fora desse processo, o que significou um retrocesso na medida em que, no período do Império, não havia tal veto.

O país, que, naquele momento, contava com 14 milhões de habitantes e contabilizava cerca de 85% de analfabetos (Oliveira, 2004:949), mobilizou, apenas, 2,5% de seu contingente populacional para participar dos processos eleitorais de 1890 e 1900 (Nicolau, 2003:276). Do grupo dos excluídos do alistamento eleitoral, chamam a atenção as pessoas com incapacidade física ou moral.

É possível que a referência seja em relação a pessoas cujo grau de deficiência comprometa a capacidade de tomar decisões ou de ter discernimento que permita exercer livremente o direito de votar.

Vemos que nossa democracia republicana nascia de forma precária, sobretudo no que se refere à inclusão social no processo político, e cometia um erro histórico com as mulheres, os mendigos e os analfabetos.

Na medida em que esses segmentos sociais estavam excluídos do processo de representação política, as políticas públicas também demorariam a incorporar seus direitos.

No caso dos mendigos, a questão se agravava ainda mais, pois, além de alijados do processo político, não se beneficiavam de qualquer política pública que os tirasse daquela situação.

Ser extremamente pobre, nesse caso, implicava ter a cidadania negada sem nenhuma contrapartida.

Vale ressaltar que vivíamos ainda em uma sociedade de estrutura agrária e patrimonial rigorosamente dividida entre incluídos e excluídos economicamente.

A seguir, no quadro 5, destacamos as questões relativas ao alistamento eleitoral na Constituição de 1934.

QUADRO 5: A PARTICIPAÇÃO ELEITORAL NA CONSTITUIÇÃO FEDERAL DE 1934

Constituição Federal de 1934	São considerados eleitores (têm direito de votar e ser votados):	Não são considerados eleitores (estão impedidos de se alistar ou têm seus direitos suspensos) os que estiverem nas seguintes situações:
Arts. 108, 109, 110 e 111.	Homens e mulheres maiores de 18 anos.	• analfabetos; • militares contratados em caráter temporário, sem ensino superior e com baixa remuneração (praças de Pret) – exceto os sargentos e os alunos das escolas militares de ensino superior e os aspirantes a oficial; • mendigos; • pessoas com *incapacidade civil absoluta*; • condenados criminalmente, enquanto durar a pena; • pessoas que se recusarem a atender às obrigações impostas por lei, por motivo de convicção religiosa, filosófica ou política; • pessoas que aceitarem recursos ou condecoração de país estrangeiro, em detrimento de obrigações com o Estado brasileiro.

Fonte: Constituição Federal de 1934 – quadro elaborado pelo autor.

Conforme se visualiza no quadro 5, a Constituição de 1934, se comparada com a Carta Magna anterior, trouxe duas grandes novidades no que se refere à inclusão eleitoral dos cidadãos:

• redução da idade mínima – de 21 para 18 anos;

• inclusão das mulheres no rol de eleitores e candidatos a cargos eletivos.

Entretanto, analfabetos e mendigos ainda permaneceram impedidos de participar dos processos eleitorais, assim como os praças de Pret. Nesse período, algo em torno de 56% (13.200.000) dos quase 23 milhões de brasileiros com mais de 15 anos eram considerados analfabetos (Ferraro, 2002:34), o que nos permite afirmar que o grau de exclusão eleitoral ainda era bastante significativo em razão desse tipo de restrição.

Ainda com relação aos excluídos do processo eleitoral, chama a atenção a entrada de um novo grupo: o daqueles com incapacidade civil absoluta. Nesse grupo, além dos menores de 18 anos, estavam incluídos os doentes mentais. Em comparação com o período anterior, foram excluídos os incapazes por razões físicas ou morais.

Convém destacar que a estrutura social dessa época já apresentava um processo de urbanização em curso, mas que ainda se vivia em um país cuja economia se baseava fortemente na agricultura. A indústria nascente e os serviços urbanos já eram responsáveis pela existência de organizações com diferentes interesses, como sindicatos de trabalhadores e associações de classe.

> **COMENTÁRIO**
>
> Vale lembrar que este foi um momento de grande instabilidade política devido aos conflitos entre o então presidente Getúlio Vargas e as chamadas oligarquias estaduais. Além disso, o fato de haver, nesse período, uma suposta conspiração para a tomada do poder pelos comunistas, quando já se vislumbrava a chegada das eleições presidenciais previstas para 1938, acabou precipitando, a partir de 1937, a implantação de um período autoritário que ficou conhecido como Estado Novo.

A inclusão eleitoral nesse período será apresentada no quadro 6.

QUADRO 6: A PARTICIPAÇÃO ELEITORAL NA CONSTITUIÇÃO FEDERAL DE 1937

Constituição Federal de 1937	São considerados eleitores (têm direito de votar e ser votados):	Não são considerados eleitores (estão impedidos de se alistar ou têm seus direitos suspensos) os que estiverem nas seguintes situações:
Arts. 117, 118 e 119	Homens e mulheres maiores de 18 anos	• analfabetos; • militares em serviço ativo; • mendigos; • pessoas com incapacidade civil absoluta; • condenados criminalmente, enquanto durar a pena; • pessoas que se recusarem a atender às obrigações impostas por lei, por motivo de convicção religiosa, filosófica ou política; • pessoas que aceitarem recursos ou condecoração de país estrangeiro, em detrimento de obrigações com o Estado brasileiro.

Fonte: Constituição Federal de 1937 – quadro elaborado pelo autor.

No quadro 6, é possível verificar mudanças residuais (mínimas) na participação eleitoral dos cidadãos; entre elas, destaca-se, apenas, a inclusão dos militares em serviço ativo no rol dos impedidos.

Durante a vigência da Constituição anterior, entre os militares, apenas os praças de Pret ficaram alijados do processo político-eleitoral.

É importante lembrar que, entre 1937 e 1945, vivemos sob a égide de um governo autoritário; nesse governo, as instituições do Estado ficaram sob o controle do presidente da República.

Além disso, fechou-se o Congresso Nacional e foram extintos os partidos políticos; assim, enquanto vigorou esse estado de exceção, não houve eleições nem para o Executivo nem para o Legislativo.

Do ponto de vista das organizações existentes na sociedade, este foi um momento em que elas ficaram impedidas de se manifestar, sobretudo de criticar o governo.

Foi estabelecida a censura prévia, que interferiu não apenas na liberdade de imprensa mas, principalmente, nas liberdades civis, o que acarretou a prisão de opositores. Ou seja, o regime de exceção acabou interrompendo o lento processo de formação autônoma da sociedade civil brasileira.

Com o fim do Estado Novo, em 1945, em decorrência da conjuntura política internacional resultante da derrota dos nazistas, na II Guerra Mundial, fez-se necessária a elaboração de uma nova constituição por parlamentares eleitos com essa finalidade específica.

Desse modo, o novo arcabouço constitucional brasileiro, aprovado no ano de 1946, ganhou feições democráticas.

O quadro 7 mostra-nos como ficou o processo de inclusão eleitoral dos cidadãos, no Brasil, com o retorno do país a um Estado democrático de direito.

QUADRO 7: A PARTICIPAÇÃO ELEITORAL NA CONSTITUIÇÃO FEDERAL DE 1946

Constituição Federal de 1946 – Arts. 131, 132, 133, 134 e 135	São considerados eleitores (têm direito de votar e ser votados): homens e mulheres maiores de 18 anos.

Não são considerados eleitores (estão impedidos de se alistar ou têm seus direitos suspensos) os que estiverem nas seguintes situações: • analfabetos;   • pessoas que não sabem exprimir-se na língua nacional;   • praças de Pret – exceto os aspirantes a oficial, os suboficiais, os subtenentes, os sargentos e os alunos das escolas militares de ensino superior;   • pessoas com incapacidade civil absoluta;   • condenados criminalmente, enquanto durar a pena;   • pessoas que aceitarem recursos ou condecoração de país estrangeiro, em detrimento de obrigações para com o Estado brasileiro.

Fonte: Constituição Federal de 1946 – quadro elaborado pelo autor.

Apesar do significado simbólico do fim do Estado Novo, a transição para a democracia não gerou muitos ganhos em termos de inclusão de mais pessoas no processo eleitoral.

Ainda que os mendigos não aparecessem mais no rol dos impedidos, os analfabetos permaneceram excluídos do exercício do direito ao voto.

No que se refere aos militares, a proibição dos praças de Pret reapareceu nessa nova Constituição.

98 | ESTADO, GOVERNO E ADMINISTRAÇÃO PÚBLICA

Chama a atenção também a inclusão, entre os impedidos de realizar o alistamento eleitoral, os que não sabiam exprimir-se na língua nacional, o que pode ser atribuído ao forte sentimento nacionalista que predominava no período.

Em 1950, de uma população de 30.249.423 brasileiros com 15 anos (ou mais) de idade, 50,5% (15.272.632) eram considerados analfabetos (Ferraro, 2002). O grau de exclusão eleitoral nesse período era impactado negativamente, sobretudo, pela exclusão do analfabeto, o que pode ser verificado quando Nicolau (2003:276) demonstra que, nas eleições para a Câmara dos Deputados, em 1950, apenas 17,4% dos brasileiros compareceram para votar. No ano de 1960, esse indicador subiu para 20,5%, o que pode ter refletido o aumento do número de pessoas alfabetizadas. No ano de 1964, experimentaríamos novamente o início de mais um período autoritário no país.

Os motivos foram parecidos com os que ajudaram a precipitar o Estado Novo: crise política interna, além do fantasma comunista, que rondava a imaginação de muitos, principalmente dos militares. Desse modo, ingressaríamos num período ímpar em toda a nossa história e muito diferente dos outros governos autoritários existentes na América Latina.

> **COMENTÁRIO**
>
> No Brasil, embora vivêssemos sob uma ditadura militar, passamos todo esse período convivendo com eleições diretas para:
>
> • os poderes legislativos;
>
> • prefeitos de municípios que não fossem: a. capitais; b. considerados áreas de segurança nacional.
>
> Essas eleições aconteciam dentro de um sistema bipartidário permitido por lei:
>
> • a Aliança Renovadora Nacional (Arena), partido de situação ou dos militares;
>
> • o Movimento Democrático Brasileiro (MDB), partido de oposição.
>
> Nas ditaduras latino-americanas desse período, o comum era suspender todo o processo de disputa político-partidário.

A participação eleitoral advinda da Constituição de 1967 está destacada no quadro 8:

QUADRO 8: A PARTICIPAÇÃO ELEITORAL NA CONSTITUIÇÃO FEDERAL DE 1967

Constituição Federal de 1967	São considerados eleitores (têm direito de votar e ser votados):	Não são considerados eleitores (estão impedidos de se alistar ou têm seus direitos suspensos) os que estiverem nas seguintes situações:
Artis. 142, 143 e 144.	Homens e mulheres maiores de 18 anos.	• analfabetos; • pessoas que não sabem exprimir-se na língua nacional; • pessoas com incapacidade civil absoluta; • condenados criminalmente, enquanto durar a pena;

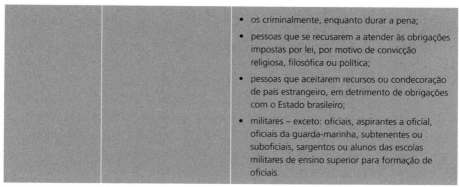

- os criminalmente, enquanto durar a pena;
- pessoas que se recusarem a atender às obrigações impostas por lei, por motivo de convicção religiosa, filosófica ou política;
- pessoas que aceitarem recursos ou condecoração de país estrangeiro, em detrimento de obrigações com o Estado brasileiro;
- militares – exceto: oficiais, aspirantes a oficial, oficiais da guarda-marinha, subtenentes ou suboficiais, sargentos ou alunos das escolas militares de ensino superior para formação de oficiais.

Fonte: Constituição Federal de 1967 – quadro elaborado pelo autor.

No quadro 8, verifica-se que os analfabetos permanecem fora do processo político eleitoral. É provável que a não inclusão dos analfabetos como agentes ativos na representação política tenha sido o grande fator responsável pelo atraso nas políticas públicas de educação voltadas para a erradicação do analfabetismo no Brasil.

Fica uma pergunta: Como um tema dessa natureza e com tal importância política entraria como prioridade na agenda pública sem que os protagonistas pudessem ser seus porta-vozes?

É fato que o regime militar (1967-1988) apresentou poucas mudanças no que se refere à inclusão ou ao impedimento de novos atores no processo político eleitoral.

Segundo Ferraro (2002:34), tínhamos, em 1970, 18.146.977 brasileiros com 15 anos de idade ou mais considerados analfabetos.

Isso representava 33,6% dos 54.008.604 habitantes que estavam nessa mesma faixa etária.

Ao pôr em evidência que os eleitores compareceram às eleições para a Câmara dos Deputados em 1970, Nicolau (2003:276) revela que 28,6% da população brasileira exerceu o direito de voto nesse pleito.

Isso mostra que ainda existia um grande déficit de inclusão eleitoral do cidadão quando comparamos o contingente populacional existente com a presença nas urnas, já que o voto é obrigatório desde 1934.

A exclusão do analfabeto explica essa assimetria entre tamanho populacional e número de pessoas alistadas para o processo político.

Entretanto, a exclusão das mulheres (até 1934), dos mendigos (até 1945) e dos analfabetos (até 1967) do direito de se fazerem representados nas instâncias de decisão política (Executivo e Legislativo) comprometeu o processo político-eleitoral na medida em que reduziu substancialmente o número de pessoas aptas a participar dele.

Nas eleições dos anos de 1890 e 1900, aproximadamente 2,5% da população votou; por outro lado, quase 30% votaram nas de 1970.

É certo que avançamos; no entanto, mesmo assim, o custo dessa exclusão ainda está por ser reparado: os indicadores de analfabetismo no Brasil ainda são alarmantes, sobretudo no meio rural, não obstante os avanços significativos no meio urbano.

As mulheres ainda não ocuparam o espaço devido na elite política brasileira: representam menos de 10% na Câmara dos Deputados e no Senado Federal juntos; além disso, ainda são poucas tanto no executivo estadual quanto no municipal, não obstante a presença de muitas mulheres no governo federal como ministras de estado e de Dilma Rousseff no cargo de presidente da República.

Considerações finais

Da Constituição da Primeira República (1891) à do regime militar (1967), a participação dos cidadãos na vida pública praticamente se resumiu ao processo político-eleitoral.

As políticas de enfrentamento da pobreza e da indigência no Brasil só ganharam importância, de fato, em tempos mais recentes.

Talvez o fato de as classes pobres terem ganhado maior importância política, com a ampliação significativa do contingente de eleitores e o fim da barreira do analfabetismo, explique uma maior preocupação dos governos com políticas públicas de inclusão das camadas mais carentes na educação formal, assim como o desenvolvimento de diferentes ações nos campos da assistência e da inclusão econômica.

COMENTÁRIO

É provável que a redemocratização, ocorrida formalmente por meio da Constituição de 1988, ao universalizar a inclusão político-eleitoral, tenha possibilitado que temas antes pouco presentes nas políticas públicas aparecessem, com grande impacto, para discussão.

Anexo

Constituição de 1988: a participação para além do voto

O processo de elaboração da Constituição de 1988 foi resultado do fortalecimento de diferentes organizações da sociedade civil brasileira e da autonomia conquistada por estas a partir do início dos anos 1970, ainda sob o regime de exceção.

Nascidas livres da tutela do Estado, tais organizações, ao contestar o regime militar e reivindicar a democracia, trouxeram também para a prática política a ideia de que, para além do voto, era necessário apresentar demandas diretamente aos governantes e interferir na forma de elaboração das políticas públicas, além de exigir transparência dos governos quanto ao uso dos recursos públicos.

Assim, as primeiras conquistas, no que se refere às modificações nas relações entre o Estado e a sociedade, antecedem o ano de 1988 e vão influenciar diretamente a elaboração da nova Constituição quanto ao redesenho dessas relações.

EXEMPLO

No que se refere a experiências de participação popular para a definição das prioridades de governo, Caccia-Bava (2002) destaca que, ainda na segunda metade dos anos 1970, mais precisamente nos mandatos de prefeitos que foram de 1977 a 1982, houve experiências de governos democráticos nos municípios de Lages (Santa Catarina) e de Boa Esperança (Espírito Santo). Tais iniciativas buscaram fortalecer as organizações da sociedade civil para que pudessem participar da construção dos destinos dessas duas cidades.

Segundo Caccia-Bava (2002:77):

> Estas iniciativas pioneiras de estímulo à vida associativa na sociedade civil e à participação dessas associações em assuntos de interesse público abrem campo para inúmeras experiências que, no seu conjunto, apontam para a possibilidade de solução dos problemas da cidade por meio da construção de uma nova cultura política democrática e um novo desenho nas relações Estado-sociedade civil.

Da mesma forma que as experiências destacadas acima, em Icapuí, no litoral cearense, a partir de 1986, a prefeitura promoveu um processo de democratização da gestão e descentralização das ações por meio do fortalecimento do diálogo com as organizações da sociedade civil.

Tal ação resultou na formulação de um programa de universalização do acesso ao ensino com o objetivo inicial de oferecer mais vagas e garantir a permanência de todas as crianças na escola.

Para tanto, na busca de soluções para implantar o programa e suprir a carência de professores, foram realizadas reuniões com a população (Vaz, 2006:2).

Dez anos depois, o número de matriculados – da educação inicial ao ensino médio (até então, o ensino médio não existia no município) – aumentou de 700 (1986) para 5.256 (1996).

O percentual de analfabetos com 14 anos ou de mais idade declinou, no mesmo período, de 49,3% para 23,0%.

O sucesso dessa iniciativa é atribuído ao intenso diálogo entre governo e sociedade.

COMENTÁRIO

Essa sinergia produziu soluções a curto prazo – e governo e sociedade puderam planejar políticas educacionais com metas a atingir a médio e a longo prazo, tais como:

- a implementação de escolas de segundo grau (hoje ensino médio);
- a criação de estímulos para apoiar a formação de novos professores, entre os moradores da comunidade, a fim de incorporá-los à rede escolar local (Vaz, 2006:6).

As experiências de governos democráticos, como salientado por Caccia-Bava, ainda em pleno regime militar, foram importantíssimas para influenciar o formato de outra experiência que inovaria práticas públicas de gestão, no final dos anos 1980, e que viria a se disseminar, em diferentes formatos, por diversos municípios brasileiros: o orçamento participativo (OP).

Sem previsibilidade legal, mas produto da vontade política do administrador do município, o OP nasceu em Porto Alegre, em 1989, primeiro ano da gestão de Olívio Dutra.

Tal experiência consiste em passar para os munícipes a responsabilidade de definir quais serão as prioridades de ação do governo para o ano vindouro.

Ou seja, em vez de alguns poucos técnicos definirem como serão os investimentos públicos nas diferentes áreas de atuação governamental, as comunidades se reúnem e, a partir de suas necessidades, definem como os recursos do governo serão aplicados nas regiões em que se localizam.

O gráfico 1 nos dá uma dimensão da quantidade de pessoas envolvidas em cada ciclo anual do OP de Porto Alegre, de 1990 a 2008.

GRÁFICO 1: PARTICIPAÇÃO SOCIAL NAS ASSEMBLEIAS DO OP ENTRE 1990 E 2008

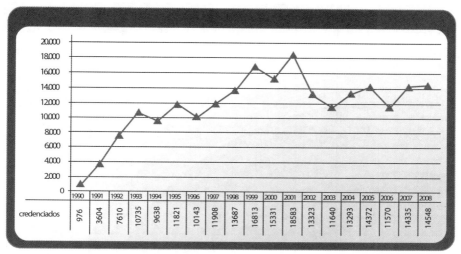

Fonte: Transcrito de <www.ongcidade.org>. Acesso em: ago. 2010.

Como se vê no gráfico, a quantidade de pessoas nas assembleias do OP de Porto Alegre – que começou com menos de 2.001 integrantes em 1990 – passou de 14 mil nos ciclos de 2007 e 2008 (em cada um desses anos).

Isso confirma o processo de legitimação dessa experiência, que, no início, foi vista como a política de um partido para a cidade.

Hoje, essa experiência – tida como uma política de cidade devido à alternância partidária à frente da prefeitura de Porto Alegre em 2004 – continua com os mesmos níveis de participação.

Depois que a proposta de orçamento municipal absorve as demandas públicas, o prefeito a envia para aprovação da Câmara Municipal.

Apesar de os parlamentares terem a prerrogativa de aprovar o orçamento e também de alterá-lo, em Porto Alegre as demandas provenientes das plenárias do OP têm se mantido integralmente.

Após a aprovação do OP, as comunidades montam comissões de fiscalização para acompanhar a contratação, a execução e a entrega dos empreendimentos contratados (Teixeira, 2009).

Ou seja, não se trata apenas de definir prioridades de investimentos mas também de acompanhar todo o processo, que vai da contratação à entrega da obra, o que pode contribuir para que os recursos públicos sejam aplicados de forma republicana.

A tabela 3 mostra quais foram os temas mais recorrentes no OP de Porto Alegre entre 2001 e 2009.

104 | ESTADO, GOVERNO E ADMINISTRAÇÃO PÚBLICA

TABELA 3: PRIORIDADES DO OP DE PORTO ALEGRE ENTRE 2001 E 2009

Temas	2009	2008	2007	2006	2005	2004	2003	2002	2001
Saneamento básico									3ª
Política habitacional	1ª	1ª	1ª	1ª	1ª	1ª	1ª	1ª	2ª
Pavimentação					3ª		3ª	3ª	1ª
Educação	2ª		2ª	2ª	2ª	3ª	2ª	2ª	
Assistência social	3ª	3ª	3ª			2ª			
Saúde		2ª		3ª					
Transporte e circulação									
Áreas de lazer									
Esporte e lazer									
Organização da cidade									
Desenvolvimento econômico									
Cultura									

Disponível em: <www.ongcidade.org>. Acesso em: ago. 2010.

Conforme se verifica na tabela 3, as prioridades definidas pelas plenárias do OP de Porto Alegre estão diretamente ligadas a demandas sociais que implicam ações para a melhoria da qualidade de vida.

Habitação, educação, saúde, assistência social e pavimentação são questões diretamente ligadas ao dia a dia do cidadão.

Captar a percepção do cidadão para fazer o investimento no lugar certo é algo que o OP consegue proporcionar.

Como se vê, mesmo sob o regime militar, já existiam diversas experiências democratizantes no âmbito dos governos locais no Brasil.

Mas essa não era a única mudança política já em curso antes da Constituição de 1988.

A primeira ocorreu com a reforma da legislação partidária de dezembro de 1979, por intermédio da Lei nº 6.767, que extinguiu o bipartidarismo e possibilitou o surgimento de novos partidos[22] ao ampliar o processo de representação político-social.

---

[22] Com a extinção da Arena e do MDB foram criados os seguintes partidos: Partido do Movimento Democrático Brasileiro (PMDB), Partido Democrático Social (PDS), Partido Trabalhista Brasileiro (PTB), Partido Liberal (PL) e Partido Democrático Trabalhista (PDT). Houve também a criação do Partido Popular (PP), que logo se fundiu ao PMDB e deixou de existir antes de disputar as eleições para governador em 1982.

PARTICIPAÇÃO E CONTROLE SOCIAL NO BRASIL | **105**

Em 1982, foram realizadas eleições diretas para governadores de estados já com essa nova configuração partidária.

Esse novo momento político possibilitou que um parlamentar de oposição apresentasse um projeto de emenda à Constituição a fim de propor o restabelecimento de eleições diretas para presidente da República.

Tal fato promoveu uma mobilização social sem precedentes no Brasil, sob a forma de concentrações públicas entre 1983 e 1984, nas principais capitais de estados.

Com a não aprovação da emenda pelo Congresso Nacional, o nível de mobilização social pela redemocratização completa do processo eleitoral permaneceu e, com isso, foi possível apresentar uma candidatura de oposição à sucessão presidencial dentro das regras do regime militar.

Diante disso, em 1984, o colégio eleitoral acabou encerrando o ciclo de presidentes militares ao eleger um civil para a presidência da República.[23]

Ainda em 1985, a Emenda Constitucional nº 25 flexibilizou a criação de novos partidos, o que provocou um aumento significativo na quantidade de agremiações partidárias no Brasil.

Segundo Nicolau (1996:14), já no próprio ano da aprovação da emenda, foram criados 24 novos partidos, o que elevou para 29 o número de legendas aptas a disputar as primeiras eleições para prefeitos de capitais e cidades consideradas áreas de segurança nacional depois do regime militar.

Entretanto, o maior ganho político dessa emenda constitucional adveio da derrubada do veto ao voto do analfabeto.

Com a Lei Federal nº 7.332, de junho do citado ano, ficou estabelecido que o analfabeto teria direito – "facultativo" – ao alistamento eleitoral e poderia, assim, votar.

Não obstante, o analfabeto não poderia ser votado nem se tornar candidato a qualquer cargo eletivo.

Ou seja, o analfabeto ganhou a cidadania eleitoral "parcial" na medida em que poderia votar, mas não ser votado.

Plebiscito, referendo e iniciativa popular

Como se vê, o processo de redemocratização no Brasil acabou refletindo a capacidade de mobilização das organizações da sociedade civil acumulada durante o próprio regime militar.

Nesse ambiente político, foi possível, com a Constituição de 1988, romper com as Cartas Magnas anteriores e inserir no novo texto constitucional diversas possibilidades de

---

[23] A chapa de oposição, composta por Tancredo Neves e José Sarney, acabou derrotando a candidatura de Paulo Maluf no colégio eleitoral. *Maluf era aliado dos militares.* Como Tancredo faleceu antes de tomar posse, Sarney acabou se tornando presidente da República.

106 | ESTADO, GOVERNO E ADMINISTRAÇÃO PÚBLICA

interferência direta da sociedade nos rumos do Estado não apenas pelo sufrágio universal, mas também por meio de:

- plebiscito;
- referendo;
- iniciativa popular;[24]
- criação de conselhos gestores[25] de políticas públicas.

Tais mecanismos de participação social não estavam disponíveis, em períodos anteriores, como práticas políticas de intervenção direta nos assuntos públicos, ao menos não do modo como passaram a existir.

Ao tratar especificamente do plebiscito e do referendo, Faria (2006:102) argumenta que tais instrumentos foram pouco utilizados no país.

Para ilustrar sua argumentação, relembra de dois únicos casos:

- o plebiscito de 1961, não previsto na Constituição, sobre a continuidade ou não do sistema parlamentarista, imposto como solução para a crise política decorrente da renúncia de Jânio Quadros seguida da posse de João Goulart;
- o plebiscito de 1993, sobre a forma e o sistema de governo.

Quanto ao referendo, Farias destaca que, apenas em 2005, tivemos a primeira experiência dessa natureza no país quando a população foi convocada para decidir sobre a continuidade ou não da venda de armas.

> **COMENTÁRIO**
>
> Fica evidenciado nos argumentos apresentados por Farias que, apesar de o plebiscito e o referendo existirem como instrumentos de aprofundamento da democracia previstos na Constituição, eles ainda são pouco utilizados.

Com relação à iniciativa popular, Fleury (2006:97) destaca a existência de duas legislações importantes que tiveram como origem a mobilização da sociedade em torno da sua apresentação e da sua aprovação:

---

[24] Segundo Faria (2006:100), *"plebiscito* consiste em uma manifestação popular sobre medidas futuras, referentes ou não às normas jurídicas. O *referendo* é sempre convocado depois da edição de atos normativos, seja para confirmar ou rejeitar normas legais ou constitucionais em vigor". Para Fleury (2006:97), *iniciativa popular* refere-se à possibilidade de os cidadãos – por meio da coleta de assinatura de 1% do eleitorado nacional em, pelo menos, cinco estados com não menos de 3% em cada um deles – apresentarem projetos de lei para a apreciação do Legislativo.

[25] Órgão colegiado composto por membros do Estado e da sociedade encarregado de estabelecer diretrizes de políticas públicas assim como de monitorar e fiscalizar o desenvolvimento destas.

- a Lei nº 8.930/94, que ampliou os casos de crimes considerados hediondos em decorrência da repercussão do assassinato da atriz Daniela Perez;
- a Lei nº 9.840/99 – também produto da comoção nacional –, que qualificou melhor os casos tidos como compra de votos e forneceu à Justiça Eleitoral maiores instrumentos para cassar políticos que agem dessa forma para conseguir lealdade eleitoral.

Mais recentemente, pode ser destacado o caso da chamada Lei da Ficha Limpa, que foi objeto de iniciativa popular e promoveu intensa mobilização para que a proposta pudesse ser aprovada a tempo de vigorar já nas eleições de 2010.

Conselhos de políticas públicas

Com relação aos conselhos gestores de políticas públicas, Leonardo Avritzer (2006:38-39) os trata como "instituições híbridas nas quais há a participação de atores do Executivo e da sociedade civil relacionados com a área temática em que o conselho atua".

Por ser o conselho um órgão vinculado à administração pública, sua criação, assim como a definição de seu formato – se deliberativo ou consultivo –, bem como suas atribuições competem às legislações locais, por iniciativa dos prefeitos, ainda que as legislações federais forneçam os parâmetros básicos.

É importante que os usuários de tal ou qual política pública participem do conselho, pois, como beneficiários, poderão interferir, com maior precisão, nos rumos das ações na medida em que convivem diretamente com este ou aquele tipo de serviço que está sendo prestado.

Monitorar o desenvolvimento das políticas públicas, com o objetivo de melhorar constantemente seu alcance e sua qualidade, além de fiscalizar a adequada aplicação de recursos em tais políticas, se traduz numa das principais atividades desenvolvidas pelos conselhos.

Vale ressaltar que existem algumas áreas de políticas públicas descentralizadas no governo federal; no entanto, caso não haja, nos municípios respectivos, um conselho gestor instalado, estes não recebem recursos.

Entre tais áreas, podemos citar:
- saúde;
- educação;
- assistência social.

ESTADO, GOVERNO E ADMINISTRAÇÃO PÚBLICA

A existência de conselho nessas áreas tem também a finalidade de verificar se a política pública está *realmente* atendendo ao público que dela deve se beneficiar.

Por exemplo, cabe ao Conselho Municipal de Educação verificar a adequada aplicação das verbas do Fundo de Desenvolvimento da Educação Básica (Fundeb), cujos recursos não podem ser desviados para outra área, já que têm um destino previamente determinado por lei.

O prefeito que incorrer em tal erro pode ter sua prestação de contas rejeitada e seus direitos políticos suspensos.

COMENTÁRIO

Tem sido relativamente comum o Conselho Municipal de Educação não concordar com a prestação de contas do prefeito e enviar denúncia às autoridades competentes após identificar desvio de recursos do Fundeb.

O mesmo se aplica à saúde quanto aos recursos destinados:

- à atenção básica;
- ao Programa Saúde da Família;
- às políticas da área de assistência social, sobretudo às de atenção ao idoso e manutenção de creches.

Poderíamos enumerar uma série de outros exemplos, mas é importante destacar agora:

- a diversidade de conselhos gestores de políticas públicas em todo o país;
- o modo como esses conselhos já se encontram distribuídos em diferentes áreas de políticas públicas dos municípios.

A seguir, a tabela 4 traz essa informação.

TABELA 4: CONSELHOS MUNICIPAIS POR ÁREA DE POLÍTICA PÚBLICA

Área de política pública	Total	Atingido sobre o total de 5.565 municípios (%)
Assistência social	5.527	99,31
Saúde	5.417	97,34
Direitos da criança e do adolescente	5.084	91,35
Educação	4.403	79,11
Meio ambiente	3.124	56,13
Habitação	2.373	42,64
Direitos do idoso	1.974	35,47
Cultura	1.372	24,65

Segurança alimentar	1.318	23,68
Política urbana	981	17,62
Esporte	623	11,19
Direitos da mulher	594	10,67
Segurança	579	10,40
Direitos da pessoa com deficiência	490	8,80
Transporte	328	5,89
Direitos da juventude	303	5,44
Orçamento	148	2,66
Igualdade racial	148	2,66
Direitos humanos	79	1,42
Direitos de gays, lésbicas etc.	04	0,07

Fonte: Pesquisa de Informações Básicas sobre os Municípios, IBGE, 2009.

Como se vê na tabela 4, os conselhos na área de assistência social se fazem presentes em quase todos os municípios brasileiros (99,31%), o que indica um grande potencial de controle social sobre as políticas públicas nessa área.

O mesmo se aplica aos conselhos de saúde – com 97,34% de abrangência nos municípios brasileiros – e aos da criança e do adolescente – com 91,35%.

Destaque-se também que, nestas três áreas de políticas públicas, a maioria dos municípios depende de repasse de recursos do governo federal.

De um modo geral, nas legislações específicas de cada setor, o repasse de recursos está condicionado à existência de conselhos.

Entretanto, é preciso lembrar que a simples instalação de um conselho não se traduz na existência de controle social.

Para tanto, faz-se necessário que as organizações da sociedade civil estejam, efetivamente, voltadas a tal objetivo.

Não é fato incomum a existência de conselhos cujos membros dão apoio ao prefeito, o que pode comprometer a razão da existência desse espaço de controle social.

Na tabela 4, também é possível destacar que diversas políticas públicas, antes tidas como "de minorias", estão sendo incluídas, aos poucos, na pauta dos municípios, o que justifica a criação de conselhos para tratar de temas como:

- igualdade racial;
- direitos de gays e lésbicas, entre outros.

Também chama a atenção a existência de conselhos em áreas que, tradicionalmente, não tomavam parte na agenda das políticas públicas municipais.

Entre outras áreas, podemos mencionar as de:

- direitos humanos;
- segurança.

É positivo o fato de temas recentes estarem ocupando cada vez mais espaço na agenda municipal; podemos mencionar, entre outros, os seguintes:

- meio ambiente;
- proteção aos idosos;
- segurança alimentar;
- direitos de pessoas com deficiência.

A diversidade de conselhos gestores de políticas públicas, no âmbito municipal, revela, ainda, que determinadas classes da sociedade, como a dos analfabetos, foram historicamente alijadas do processo de participação política.

O mesmo se deu com determinados segmentos sociais; entre eles, podemos mencionar:

- negros;
- mulheres;
- idosos;
- pessoas com deficiência.

Estes segmentos da sociedade foram excluídos por não estarem efetivamente organizados e representados politicamente.

A inclusão de todos esses grupos na pauta das prefeituras é um indicador de que, com a organização da sociedade civil e a pressão social sobre os governos, é possível diminuir as assimetrias de poder e ampliar a democratização das relações entre o Estado e a sociedade.

Assim, a inclusão política poderá ser estendida a mais segmentos sociais.

As ouvidorias

> **CONCEITO-CHAVE**
>
> Outra forma de exercício de controle social sobre as autoridades públicas – que também é reflexo do processo de redemocratização e da criação de novos espaços de participação social – vem se mostrando por intermédio da criação de ouvidorias.

Tais órgãos se traduzem num canal em que o cidadão se comunica diretamente com o poder público e, por meio dele, pode fazer sugestões, reclamações ou avaliar a prestação de tal ou qual serviço público.

O papel do ouvidor é receber a demanda do cidadão e fixar um prazo para lhe dar uma resposta.

No caso de denúncia de irregularidades, o ouvidor pode encaminhá-la ao órgão competente para que este inicie algum tipo de investigação e possa, posteriormente, retornar ao cidadão informando sobre o que foi encontrado e qual procedimento foi adotado.

A Ouvidoria do Tribunal de Contas da União (TCU) e a do Tribunal de Contas de Pernambuco (TCE-PE) adotam esse tipo de procedimento.

> **EXEMPLO**
>
> Criada no ano de 2001, a Ouvidoria do TCE-PE se constitui num canal para receber sugestões e críticas a respeito dos serviços prestados pelo tribunal, além de ser um instrumento por meio do qual os cidadãos podem denunciar atos referentes ao mau uso do dinheiro público em qualquer órgão dos governos estadual ou municipal.
>
> Para tanto, a Ouvidoria disponibiliza seis formas de acesso:
>
> - por carta;
> - por carta-resposta;
> - pelo disque-ouvidoria;
> - por telefone;
> - por fax ou e-mail;
> - por visita pessoal.

A utilização de contato por carta ou carta-resposta é muito semelhante; a única diferença está no instrumento: a carta-resposta é um envelope próprio da Ouvidoria, já com selo, para que o cidadão não tenha gastos com o correio.

O disque-ouvidoria é um número exclusivo (0800) de contato com o órgão; ao usá-lo, o cidadão não é tarifado, ao passo que, no contato direto pelo número do telefone geral da Ouvidoria, o cidadão tem sua tarifa de ligação cobrada normalmente.

A visita pessoal é o deslocamento do reclamante para atendimento físico nas próprias instalações da Ouvidoria.

Em todas as situações descritas, o cidadão recebe uma senha para acompanhar sua reclamação e tem ciência do prazo fixado para resposta.

O contato por fax ou e-mail é usado quando o cidadão quer formalizar sua reclamação ou sugestão por escrito, sem ter de utilizar carta ou deslocar-se até o órgão.

No ano de 2007, 930 cidadãos procuraram uma ouvidoria; destes, 43,23% fizeram contato por e-mail e 36,99%, pelo disque-ouvidoria.

Somente essas duas formas de acesso responderam por 80,22% de todos os contatos; na sequência, vieram visita pessoal e contato por meio de carta, com 8,06% para ambas.

Quanto ao motivo da procura, as denúncias relativas a atos de gestão pública responderam por 71,08% de todas as reclamações.

Na sequência, veio, com 20,54%, o pedido de orientação técnica, que pode ser feito por servidores públicos para obter esclarecimentos.

Os dados relativos às reclamações sobre atos da administração pública indicam que a Ouvidoria tem sido um excelente espaço de controle social, já que, segundo alguns de seus membros, muitas denúncias recebidas se transformaram em inquéritos e acabaram resultando em punições aos responsáveis pelo mau uso dos recursos públicos.

De acordo com dados fornecidos pela Ouvidoria, as reclamações efetuadas por e-mail foram muito mais numerosas que as demais, o que reforça a necessidade de fortalecer os mecanismos de governança eletrônica, uma vez que estes agilizam o contato do cidadão com os órgãos públicos.

Os dados a seguir, transcritos de Barreto (2009), permitem visualizar os tipos de denúncias efetuadas junto à Ouvidoria.

A maior parte delas aponta supostas irregularidades nos processos de licitação, na prestação de contas, na aplicação da Lei de Responsabilidade Fiscal (LRF) e no pagamento indevido de aposentadorias.

PARTICIPAÇÃO E CONTROLE SOCIAL NO BRASIL | **113**

TABELA 5: TIPOS DE IRREGULARIDADES DENUNCIADAS NA OUVIDORIA DO TCE-PE

Irregularidades denunciadas (2006 e 2007)	Número total	Em %
Licitação	336	25,04
Prestação de contas	148	11,03
Descumprimento/LRF	147	10,95
Aposentadoria/vantagens	103	7,67
Gestão administrativa	96	7,15
Contratos	79	5,89
Merenda/Fundeb	71	5,29
Concurso público	61	4,55
Admissão de pessoal	56	4,17
Atraso de salário	55	4,10
Acúmulo de cargos	34	2,53
Desvio de recursos	22	1,64
Patrimônio público	22	1,64
Verbas federais	15	1,11
Orçamento público	15	1,11
Transporte escolar	12	0,89
Previdência	12	0,89
Saúde	11	0,82
Morosidade/processos/TCE	10	0,75
Total	1.342	100

Fonte: Transcrito de Barreto (2009).

Na tabela 5, é possível verificar que a maior parte das supostas irregularidades refere-se às suspeitas:

- nos processos licitatórios;
- na prestação de contas;
- no descumprimento da Lei de Responsabilidade Fiscal (LRF);
- na concessão de aposentadorias.

Somados, esses quatro itens ultrapassam 50% dos casos denunciados à Ouvidoria.

No que se refere a uma avaliação dos trabalhos da Ouvidoria, pesquisa realizada junto aos usuários no primeiro semestre de 2008 pela coordenação do órgão revela que 95,70% consideraram ter sido bem atendidos em todas as formas de contato.

Outro dado importante é que 71,70% dos entrevistados se disseram plenamente satisfeitos com o prazo da resposta e a resolução do problema que haviam apresentado.

Porém, o trabalho da Ouvidoria não se resume à espera do contato dos cidadãos; desde o início de 2008, iniciou-se o projeto parcerias permanentes, com o desenvolvimento da chamada "ouvidoria itinerante".

Servidores do órgão visitam municípios e, em eventos públicos, expõem para a sociedade o trabalho da Ouvidoria; além disso, mostram como participar, de forma efetiva, junto ao Tribunal de Contas, no controle da aplicação dos recursos públicos.

Nesses eventos, são distribuídos materiais da Ouvidoria como forma de orientação e esclarecimento ao cidadão sobre como se portar diante da identificação de mau uso do dinheiro público.

A primeira Ouvidoria vinculada a uma prefeitura foi criada em Curitiba no ano de 1986.

Em 1999, após a boa receptividade da Ouvidoria de Polícia, o estado de São Paulo aprovou lei estadual que criava ouvidorias em todos os órgãos.

Hoje existem ouvidorias presentes em todos os órgãos públicos com o objetivo tanto de monitorar a qualidade do serviço prestado, por meio do contato direto com o usuário, quanto também de identificar possíveis desvios de conduta de um agente público no exercício de sua atividade.

Segundo dados do governo federal, só na administração pública federal existem cerca de 150 ouvidorias, todas elas coordenadas pela Ouvidoria Geral da União.

O objetivo era chamar a atenção dos munícipes acerca da qualidade dos serviços prestados pela prefeitura.

Posteriormente, em 1991, o estado do Paraná também criou a sua – e o mesmo foi ocorrendo em diferentes municípios.

Na sequência, foram criadas diferentes ouvidorias setoriais, como a da Polícia Militar, em São Paulo, na metade dos anos 1990, num contexto em que havia muitas denúncias de abuso de poder por parte de policiais.

Nesse caso, a Ouvidoria funcionou como um instrumento de recebimento de denúncias dos cidadãos; estes, com o anonimato preservado, se sentiam mais seguros.

Ouvidoria e controle social do Tribunal de Contas da União (TCU)

Um exemplo significativo e que também reforça a importância do controle social sobre as atividades do governo é o da Ouvidoria do Tribunal de Contas da União (TCU).

Localizado em Brasília e criado em 2004, esse órgão está aberto ao contato de todos os cidadãos brasileiros por meio de três formas de acesso:

- por e-mail – através do preenchimento de formulário eletrônico específico;
- por meio de uma central de atendimento 0800;
- por intermédio de carta.

Em todos os casos, a Ouvidoria analisa a manifestação recebida e a encaminha ao setor competente dentro do TCU.

O cidadão recebe rotineiramente informações acerca dos procedimentos que estão sendo adotados até o desfecho do caso.

Da mesma forma que em Pernambuco, a Ouvidoria do TCU é um canal apropriado para receber diferentes tipos de manifestações; entre esses tipos, destacam-se:

- denúncias de irregularidades;
- críticas;
- sugestões;
- reclamações;
- elogios.

Destaca-se ainda a solicitação de informações sobre:

- serviços prestados pelo tribunal;
- atos de admissão, aposentadoria, reforma e pensão de servidores públicos federais;
- aplicação dos recursos públicos federais.[26]

Entre 2004 e 2008, esse órgão já havia recebido mais de 20 mil manifestações diferentes:

TABELA 6: MANIFESTAÇÕES DE CIDADÃOS JUNTO À OUVIDORIA DO TCU (2006-2008)

Tipo de manifestação	2006	2007	2008
Indícios de irregularidades na aplicação de recursos públicos	1.442	2.105	2.408
Outros*	2.280	2.738	3.696
Total	3.722	4.843	6.104

* Solicitação de informação, reclamação, crítica, elogio, sugestão e orientação de caráter geral.
Fonte: Transcrição literal do relatório de atividades do TCU (2008:79).[27]

A tabela 6 mostra que o contato de cidadãos com a Ouvidoria do TCU vem crescendo de maneira significativa ano a ano.

Conforme consta no relatório de atividades do TCU de 2008 (p. 78), entre 2004 e 2008 foram abertos 469 processos a partir de denúncias efetuadas junto à Ouvidoria do órgão.

Destes, 65% foram considerados total ou parcialmente procedentes pelos auditores, após a realização de procedimentos investigativos, o que acabou resultando na punição dos gestores envolvidos com as irregularidades apontadas.

---

[26] Ver <http://portal2.tcu.gov.br/portal/page/portal/TCU/ouvidoria/sobre_ouvidoria>. Acesso em: 24 ago. 2010.

[27] Disponível em: <http://portal2.tcu.gov.br/portal/page/portal/TCU/publicacoes_institucionais/relatorios/relatorios_atividades>. Acesso em: 24 ago. 2010.

Com o intuito de auxiliar os cidadãos no acesso a informações importantes para o exercício do controle social e qualificá-los, inclusive, para o uso da Ouvidoria como instrumento de controle sobre os recursos públicos, o TCU disponibiliza em seu site um link com o título "O TCU e a Sociedade".

Por meio desse link, pode-se acessar um conjunto de iniciativas destinadas a aproximar o órgão dos cidadãos e das organizações da sociedade.

Além da Ouvidoria, podem ser acessadas informações acerca de:

- visitas monitoradas de escolas e faculdades ao Tribunal de Contas;
- jogos pedagógicos e brincadeiras interativas destinados às crianças – com ênfase na importância de se controlar os gastos públicos;
- informações sobre cursos gratuitos oferecidos a membros de conselhos gestores das mais diferentes áreas de políticas públicas.

Os cursos gratuitos também são oferecidos aos gestores públicos das três esferas de poder, bem como aos representantes de ONGs que lidam diretamente com temas como:

- licitações e contratos;
- Lei de Responsabilidade Fiscal;
- convênios.[28]

> **COMENTÁRIO**
>
> Destaque-se, ainda, que no site do TCU é possível encontrar um conjunto de cartilhas e manuais, com linguagem de fácil entendimento, dirigidos a diferentes públicos.
>
> Um exemplo importante é a cartilha com orientações a membros de conselhos gestores de políticas públicas na área de assistência social.
>
> Essa cartilha contém informações sobre:
>
> - as políticas que fazem parte da assistência social;
> - o Fundo Nacional de Assistência Social;
> - como fiscalizar tais políticas;
> - como efetuar denúncias aos órgãos competentes – com ênfase nas diferentes formas de contato com a Ouvidoria do TCU.[29]

---

[28] Ver <http://portal2.tcu.gov.br/portal/page/portal/TCU/dialogo_publico>. Acesso em: 24 ago. 2010.
[29] Ver <http://portal2.tcu.gov.br/portal/page/portal/TCU/publicacoes_institucionais/publicacoes/cartilhas_tcu>. Acesso em: 24 ago. 2010.

Diversos ramos de atividades do setor privado também criaram suas ouvidorias.

Tais ouvidorias estão se constituindo num espaço privilegiado para que os clientes das empresas que elas representam possam fazer valer seus direitos de consumidor junto às próprias empresas que lhes prestaram um serviço ou venderam um determinado produto.

> **COMENTÁRIO**
>
> Isso ocorre, sobretudo, com as ouvidorias que possuem interface direta com o atendimento e a prestação de serviços ao consumidor; entre eles, podemos mencionar:
>
> - bancos;
> - supermercados;
> - empresas de produtos alimentícios.

Evolução do processo de participação eleitoral

Essa nova realidade na política nacional, advinda da Constituição de 1988, que combina participação eleitoral convencional com diferentes formas de intervenção direta dos cidadãos sobre as atividades do Estado, gerou o que Leonardo Avritzer (2007:406) chama, ao se referir ao sistema político brasileiro pós-1988, de "sistema híbrido".

Ou seja: Os brasileiros elegem pessoas para exercer o processo de representação política junto ao Legislativo e ao Executivo.

Por outro lado, a representação não se concretiza somente por meio de uma eleição, pois já existem diversos canais institucionais em que os próprios cidadãos brasileiros, sem intermediários, interferem diretamente nas decisões do Estado.

A questão do processo de participação eleitoral com a Constituição de 1988 será destacada no quadro 9.

Ressalte-se que alguns ganhos, conforme destacado, já foram ocorrendo por meio de emendas

à Constituição na época ainda em vigor, a do regime militar, antes mesmo da existência da Carta de 1988.

QUADRO 9: A PARTICIPAÇÃO ELEITORAL NA CONSTITUIÇÃO FEDERAL DE 1988

Constituição Federal de 1988	São considerados eleitores (têm direito de votar e ser votados):	Não são considerados eleitores (estão impedidos de se alistar ou têm seus direitos suspensos) os que estiverem nas seguintes situações:
Art. 14.	• homens e mulheres maiores de 18 anos (nesse caso, o voto é obrigatório); • homens e mulheres entre 16 e 18 anos e acima de 70 anos (nesse caso, o voto é facultativo); • analfabetos (nesse caso, o voto é facultativo).	• naturalização cancelada por sentença transitada em julgado; • incapacidade civil absoluta; • condenação criminal transitada em julgado, enquanto durarem seus efeitos; • recusa de cumprir obrigação a todos imposta ou prestação alternativa; • condenação por improbidade administrativa.

Fonte: Constituição Federal de 1988 – quadro elaborado pelo autor.

Conforme visto no quadro 9, a Constituição Federal de 1988 reafirmou a mudança já operada pela Emenda Constitucional nº 25, de 1985, com a inclusão do analfabeto como eleitor facultativo, isto é, como aquele que poderia votar ou não votar de acordo com sua livre escolha.

Tal fato acrescentou um número significativo de eleitores ao processo político mesmo estando os analfabetos impedidos de se candidatar.

Conforme dados publicados pelo IBGE, a população estimada do Brasil, em 2010, era de mais de 192 milhões de habitantes.

Ou seja, um contingente populacional extremamente superior ao que foi verificado na Primeira República, cuja população ultrapassava os 15 milhões de habitantes.

Lembrem-se de que as primeiras eleições republicanas não mobilizaram mais que 3% da população do país por causa do conjunto de restrições ao direito de voto.

Em julho de 2010, o TSE divulgou dados acerca do contingente eleitoral para as eleições desse mesmo ano: 135.804.433 eleitores.

Uma conta simples poderá nos dizer que, atualmente, cerca de 70% de todos os brasileiros estão aptos a votar.

Podemos afirmar que o grau de inclusão eleitoral no Brasil é extremamente significativo ainda que descontemos:

• os menores de 16 anos;
• os que estão entre 16 e 18 e não se alistaram;

- os analfabetos que optaram por não exercer esse direito.

Ou seja, avançamos dos dois lados:
- no processo político convencional, que se vale das eleições para se constituir no clássico instrumento de controle sobre as autoridades eleitas;
- na criação e no uso de instrumentos de controle social sobre as atividades do Estado, o que inclui tanto as autoridades eleitas quanto a burocracia pública no rol dos controlados.

Considerações finais

Verificou-se, neste trabalho, o significativo avanço democrático ocorrido no Brasil pós-regime militar.

Isso pode ser comprovado tanto pela universalização do direito de voto, com a inclusão dos analfabetos, quanto também pela diversidade de mecanismos de controle social que foram surgindo ainda em pleno regime militar.

Com relação à incorporação dos analfabetos no rol de eleitores, é importante destacar o efeito simbólico desse processo, na medida em que esse segmento passou a se fazer representado na estrutura de decisão política e, portanto, a ter maior capacidade de pressão sobre a ação do Estado.

No que se refere aos mecanismos de controle popular, é importante frisar sua diversidade e também sua capacidade de controlar as ações do governo em duas frentes:
- quanto ao uso do dinheiro público;
- quanto ao monitoramento do alcance e da qualidade das políticas públicas.

Tratando mais especificamente dos conselhos, é importante ressaltar que eles também expressam o espaço que certos grupos, antes socialmente excluídos do processo político, vêm alcançando.

A existência de conselhos com temáticas específicas atesta que nossa democracia caminha numa direção cada vez mais inclusiva. Entre essas temáticas estão os seguintes conselhos:
- da mulher;
- dos gays e das lésbicas;
- da criança e do adolescente;
- da igualdade racial;
- dos deficientes e dos idosos.

Por fim, é importante lembrar as experiências de orçamento participativo.

Nelas, a sociedade deixou de apresentar demandas aos governantes e passou a definir, junto com estes, as prioridades de ação que estarão previstas no orçamento público.

Mesmo que o OP não seja obrigatório por lei, a lição que fica para as administrações que trilharam esse caminho é a do compromisso democrático do governante com a sociedade que este se propõe a governar.

O controle social é um elemento central para:

- a garantia de governos republicanos;
- a melhoria da ação do Estado.

Bibliografia

ABRUCIO, Fernando Luiz; COSTA, Valeriano M. F. Reforma do Estado e o contexto federativo brasileiro. *Pesquisas*, São Paulo: Fundação Konrad Adenauer, n. 12, 1999.

ALBUQUERQUE, José Augusto Guilhon. Montesquieu: sociedade e poder. In: WEFFORT, Francisco (Org.). *Os clássicos da política*. São Paulo: Ática, 2002.

ALCOFORADO, Flávio Carneiro Guedes. Flexibilidade organizacional e adaptação à estrutura setorial. In: CONGRESO INTERNACIONAL DEL CLAD SOBRE LA REFORMA DEL ESTADO Y DE LA ADMINISTRACIÓN PÚBLICA, 9. *Anales...* Madrid, 2-5 nov. 2004. Disponível em: <www.clad.org.ve.com.br>.

ARANTES, Rogério Bastos. *Judiciário e política no Brasil*. São Paulo: Sumaré/Educ, 1997.

_____. *Ministério Público e política no Brasil*. São Paulo: Sumaré/Educ, 2002.

AVRITZER, Leonardo. Reforma política e participação no Brasil. In: AVRITZER, Leonardo; ANASTÁSIA, Fátima (Orgs.). *Reforma política no Brasil*. Belo Horizonte: UFMG/PNUD, 2006.

_____. Sociedade civil e participação no Brasil democrático. In: MELO, Carlos; SÁEZ, Manuel (Orgs.). *A democracia brasileira*: balanços e perspectivas para o século 21. Belo Horizonte: Humanitas, 2007.

AYRES DE BRITO, Carlos. A real interpretação da instituição tribunal de contas. Rio de Janeiro: ANAIS DO ENCONTRO NACIONAL DE CONSELHEIROS DE TRIBUNAIS DE CONTAS, PRÉ-CONGRESSO DOS TRIBUNAIS DE CONTAS DO BRASIL, TCN-RJ, 2001.

BAHIA, Luiz Henrique Nunes. *O poder do clientelismo*: raízes e fundamentos da troca política. Rio de Janeiro: Renovar, 2003.

BANDEIRA DE MELLO, Celso Antonio. *Curso de direito administrativo*. 12. ed. São Paulo: Malheiros, 2000.

BARBOZA, Hélio Batista; AROUCA, Francine Lemos. Consórcio intermunicipal de produção e abastecimento (Cinpra). In: SPINK, Peter Kevin; BARBOZA, Hélio (Orgs.). *20 experiências de gestão pública e cidadania*. São Paulo: Programa Gestão Pública e Cidadania, 2002.

BARRETO, Waléria. *Controle social da administração pública:* um estudo sobre a Ouvidoria do Tribunal de Contas de Pernambuco. Dissertação Mestrado em Administração Pública – Escola Brasileira de Administração Pública e de Empresas, Ebape/FGV, Rio de Janeiro, 2009.

BOBBIO, Norberto; VIROLLI, Maurizio. *Diálogo em torno da República*. Rio de Janeiro: Campus, 2002.

ESTADO, GOVERNO E ADMINISTRAÇÃO PÚBLICA

BRAGA, Roberto; PATEIS, Carlos da Silva. Criação de municípios: uma análise da legislação vigente no estado de São Paulo. *Revista de Geografia da Universidade Federal de Mato Grosso do Sul*, ano IX, n. 17, p. 7-14, jan./jun. 2003.

BRESSER-PEREIRA, Luiz Carlos. *Construindo o Estado republicano*. Rio de Janeiro: FGV, 2009.

CACCIA-BAVA, Silvio. Participação, representação e novas formas de diálogo público. In: SPINK, Peter; CACCIA-BAVA, Silvio; PAULICS, Veronika (Orgs.). *Novos contornos da gestão local*: conceitos em construção. São Paulo: Instituto Pólis/Programa Gestão Pública e Cidadania, 2002.

CAMPOS, Ana Maria. *Accountability*: quando poderemos traduzi-la para o português? Rio de Janeiro. *Revista de Administração Pública* (RAP), FGV, n. 24, v. 2, 1990.

CARVALHOSA, Modesto. *O livro negro da corrupção*. São Paulo: Paz e Terra, 1996.

CINTRA, Antonio Octavio. Instituições e sistema político: os poderes e suas inter-relações. In: AVALER, Lucia; CINTRA, Antonio Octavio (Orgs.). *Sistema político brasileiro:* uma introdução. 2. ed. São Paulo: Unesp/Fundação Konrad Adenauer, 2007.

CONSEJO CIENTIFICO DEL CLAD. *La responsabilización en la nueva gestión pública Latinoamericana*. Buenos Aires: Eudeba/Clad, 2000.

COUTO, Claudio Gonçalves. O avesso do avesso: conjuntura e estrutura na recente agenda política brasileira. *São Paulo em Perspectiva*, Fundação Seade, v. 15, n. 4, out.-dez. 2001.

CRUZ, Maria do Carmo. Consórcios intermunicipais: uma alternativa de integração regional ascendente. In: SPINK, Peter Kevin; CACCIA-BAVA, Silvio; PAULICS, Veronika (Eds.). *Novos contornos da gestão local*: conceitos em construção. São Paulo: Instituto Pólis/Programa Gestão Pública e Cidadania, 2002.

DALLARI, Dalmo de Abreu. *Elementos de teoria geral do Estado*. 20 ed. São Paulo: Saraiva, 2007.

ELSTER, Jon. Accountability in Athenian politics. In: PRZEWORSKI, Adam; STOCKES, Susan; MANIN, Bernard. *Democracy, accountability and representation*. New York: Cambridge University Press, 1999.

FARAH, Marta Ferreira dos Santos. Parcerias, novos arranjos institucionais e políticas públicas locais. *Cadernos de Gestão Pública e Cidadania*, São Paulo: Centro de Estudos em Administração Pública e Governo, Eaesp/FGV, v. 18, abr. 2000.

FARIA, Cláudia Feres. Plebiscito e referendum. In: AVRITZER, Leonardo; ANASTÁSIA, Fátima (Orgs.). *Reforma política no Brasil*. Belo Horizonte: UFMG/PNUD, 2006.

FERRARO, Alceu Ravanello. Analfabetismo e níveis de letramento no Brasil: o que dizem os censos? *Educ. Soc.* [online], v. 23, n. 81, p. 21-47, 2002.

FLEURY, Sonia. Controle da corrupção e reforma do Estado. *Lua Nova*, São Paulo: Cedec, 2001.

BIBLIOGRAFIA | **123**

_____. Iniciativa popular. In: AVRITZER, Leonardo; ANASTÁSIA, Fátima (Orgs.). *Reforma política no Brasil*. Belo Horizonte: UFMG/PNUD, 2006.

FONSECA, Francisco; SANCHEZ, Oscar. *Guia:* mecanismos de combate à corrupção e de apoio à cidadania no estado de São Paulo. São Paulo: Cedec, 2000.

_____; _____; ANTUNES, Fernando. Os controles internos. In: SPECK, Bruno (Org.). *Nos caminhos da transparência*. São Paulo: Unicamp, 2002.

GOUVÊA, Ronaldo. *A questão metropolitana no Brasil*. Rio de Janeiro: FGV, 2005.

GROISMANN, Enrique; LERNER, Emilia. Responsabilización por los controles clássicos. In: *La responsabilización en la nueva gestión pública latinoamerica*. Buenos Aires: Eudeba/Clad, 2000.

IBGE. Pesquisa de Informações Básicas sobre os Municípios (MUNIC, IBGE, 2005). Disponível em: <http://www.ibge.gov.br/home/estatistica/economia/perfilmunic/default. shtm>. Acesso em: 25 mar. 2012.

_____. Pesquisa de Informações Básicas sobre os Municípios (MUNIC, IBGE, 2008). Disponível em:<http://www.ibge.gov.br/home/estatistica/economia/perfilmunic/default. shtm>. Acesso em: 25 mar. 2012.

_____. Pesquisa de Informações Básicas sobre os Municípios. (MUNIC, IBGE, 2009). Disponível em: <http://www.ibge.gov.br/home/estatistica/economia/perfilmunic/default. shtm>. Acesso em: 25 mar. 2012.

JACOBI, Pedro; TEIXEIRA, Marco Antonio. Consórcio Quiriri: Programa Intermunicipal de Tratamento Participativo de Resíduos Sólidos da Região do Alto Rio Negro Catarinense. In: FARAH, Marta; BARBOZA, Hélio (Orgs.). *Novas experiências de gestão pública e cidadania*. Rio de Janeiro: FGV, 2000.

KINZO, Maria D'alva. *Representação política:* perspectivas teóricas e um exame da experiência brasileira. Dissertação (Mestrado) – Programa de Pós-Graduação em Ciências Sociais, PUC-SP, São Paulo, 1978.

LOCKE, John. *Os pensadores*. São Paulo: Abril Cultural, 1973.

LOUREIRO, Maria Rita et al. Controles democráticos sobre a administração pública no Brasil: Legislativo, tribunais de contas, Judiciário e Ministério Público. In: LOUREIRO, Maria Rita; ABRUCIO, Fernando; PACHECO, Regina (Orgs.). *Burocracia e política no Brasil*: desafios para a ordem democrática no século XXI. Rio de Janeiro: FGV, 2009. v. 1, p. 1-32.

MADISON, James; HAMILTON, Alexander; JAY, John. *Os pensadores*. São Paulo: Abril Cultural, 1973.

MANUS, Pedro Paulo T. *Direito do trabalho*. São Paulo: Atlas, 2009.

MARAVALL, José Maria. Accountability and manipulation. In: PRZEWORSKI, Adam; STOCKES, Susan; MANIN, Bernard. *Democracy, accountability and representation*. New York: Cambridge University Press, 1999.

124 ESTADO, GOVERNO E ADMINISTRAÇÃO PÚBLICA

MARTINS, Carlos Estevam. *O circuito do poder*. São Paulo: Entrelinhas, 1994.

MARTINS, Sérgio Pinto. *Contrato de trabalho de prazo determinado e banco de horas*. São Paulo: Atlas, 2002.

_____. *Flexibilização das condições de trabalho*. São Paulo: Atlas, 2009.

_____. *Direito do trabalho*. São Paulo: Atlas, 2010.

MONTESQUIEU. *Os pensadores*. São Paulo: Abril Cultural, 1973.

MOURA, Rosa. Brasil metropolitano: uma configuração heterogênea. *Revista Paranaense de Desenvolvimento*, n. 105, p. 33-56, jul./dez. 2003.

NASCIMENTO, Amauri Mascaro. *Iniciação ao direito do trabalho*. São Paulo: LTr, 2009.

NEVES, Gleisi Heisler. O município no Brasil – marco de referência e principais desafios. *Cadernos Adenauer*, n. 4, p. 9-34, 2000.

NICOLAU, Jairo Marconi. *Multipartidarismo e democracia*. Rio de Janeiro: Editora FGV, 1996.

_____. A participação eleitoral no Brasil. In: VIANA, Luiz Werneck (Org.). *A democracia e os três poderes no Brasil*. Belo Horizonte: UFMG/Iuperj/Faperj, 2003.

O'DONNELL, Guillermo. Accountability horizontal e novas poliarquias. *Lua Nova*, São Paulo: Cedec, n. 44, 1998.

OLIVEIRA, Aristeu de. *Manual de prática trabalhista*. São Paulo: Atlas, 2010.

OLIVEIRA, Marcos Marques de. As origens da educação no Brasil: da hegemonia católica às primeiras tentativas de organização do ensino. *Ensaio: Aval. Pol. Públ. Educ.* [online], v. 12, n. 45, p. 945-958, 2004.

OLIVEIRA, Telma Almeida. *O controle da eficácia da administração pública no Brasil*. Dissertação (Mestrado) – Núcleo de Pós-Graduação em Administração da Universidade Federal da Bahia, NPGA-UFBA, Salvador, 1994.

PEDONE, Luiz et al. O controle pelo Legislativo. In: SPECK, Bruno (Org.). *Nos caminhos da transparência*. Campinas: Unicamp, 2002.

PINTO, Antonio Luiz de Toledo; WINDT, Márcia Cristina Vaz dos Santos; CÉSPEDES, Lívia. *CLT & Constituição Federal*. São Paulo: Saraiva, 2010.

PRZEWORSKI, Adam. Sobre o desenho do Estado: uma perspectiva agente x principal. In: BRESSER-PEREIRA, Luiz Carlos; SPINK, Peter (Orgs.). *Reforma do Estado e administração pública gerencial*. Rio de Janeiro: FGV, 1998.

QUEIROZ, Antonio. *Como funciona o governo*. Brasília: Diap, 2010.

RODRIGUES, José Albertino (Org.). *Durkheim*. São Paulo: Ática, 1990. (Grandes Cientistas Sociais).

ROUSSEAU. *Os pensadores*. São Paulo: Abril Cultural, 1973.

SADEK, Maria Tereza. *Justiça e cidadania no Brasil*. São Paulo: Sumaré, 2000.

BIBLIOGRAFIA | 125

SADEK, Maria Tereza. *Reforma do Judiciário*. São Paulo: Fundação Konrad Adenauer, 2001.

SADER, Eder. *Quando os novos personagens entram em cena*: experiência e luta dos trabalhadores na Grande São Paulo. Rio de Janeiro: Paz e Terra, 1988.

SOUZA, Celina. Federalismo e descentralização na Constituição de 1988: processo decisório, conflitos e alianças. *Dados*, Rio de Janeiro, v. 44, n. 3, p. 513-560, 2001.

SPECK, Bruno. *Inovação e rotina no Tribunal de Contas da União*. São Paulo: Konrad Adenauer Stifung, 2000a.

_____. O papel das instituições superiores de controle financeiro-patrimonial nos sistemas políticos modernos – pressupostos para uma análise dos tribunais de contas no Brasil. *Revista Conjuntura Política*, Belo Horizonte: Departamento de Ciência Política da UFMG, n. 21, 2000b.

SPINK, Peter Kevin; TEIXEIRA, Marco Antonio Carvalho; CLEMENTE, Roberta. Governança, governo ou gestão: o caminho das ações metropolitanas. *Cadernos Metrópole*, São Paulo, v. 11, n. 22, p. 453-476, jul./dez. 2009.

TCU (Tribunal de Contas da União). *Relatório de atividades/2008*. Disponível em: <http://portal2.tcu.gov.br/portal/page/portal/TCU/publicacoes_institucionais/relatorios/relatorios_atividades>. Acesso em: 24 ago. 2010.

TEIXEIRA, Marco Antonio Carvalho. *Clientelismo e voto na cidade de São Paulo (1993-1999)*. Dissertação (Mestrado) – Programa de Pós-Graduação em Ciência Sociais, PUC-SP, São Paulo, 1999.

_____. Democratização do espaço público: a experiência do Consórcio Quiriri. In: CONGRESSO INTERNACIONAL DEL CLAD SOBRE LA REFORMA DEL ESTADO Y DE LA ADMINISTRACIÓN PÚBLICA, 9. *Anales...* Madrid, España, 2-5 nov. 2004.

_____. Controle social da administração pública: a experiência do TCE-PE. In: COLÓQUIO INTERNACIONAL SOBRE PODER LOCAL – DESENVOLVIMENTO E GESTÃO SOCIAL DE TERRITÓRIOS, 11. *Anais...* Salvador: UFBA, 2009. v. 1, p. 1-13.

_____; CARNEIRO, José Mário B. Os passos lentos e firmes da descentralização: quarenta anos de política local (1969-2009). In: HOFMEISTER, W. (Org.). *40 anos (1969-2009) Brasil*: política, sociedade, cooperação internacional. Rio de Janeiro: Fundação Konrad Adenauer, 2009. v. 1, p. 77-107.

THOMPSON, John B. *A mídia e a modernidade*. Petrópolis: Vozes, 1998.

VAZ, José Carlos. Universalização do ensino em Icapuí. In: SPINK, Peter; CLEMENTE, Roberta (Orgs.). *20 experiências de gestão pública e cidadania*. Rio de Janeiro: FGV, 1996.

VEYNE, Paul. O Império Romano. In: ÁRIES, Philippe; DUBY, Georges (Orgs.). *História da vida privada*. São Paulo: Companhia das Letras, 2002. v. I.

WEBER, Max. Os fundamentos da organização burocrática: uma construção do tipo ideal. In: CAMPOS, Edmundo (Org.). *Sociologia da burocracia*. Rio de Janeiro: Zahar, 1971.

Sobre o autor

Marco Antonio Carvalho Teixeira é graduado em ciências sociais pela Pontifícia Universidade Católica de são Paulo (PUC-SP), onde obteve os títulos de mestre e de doutor, também em ciências sociais, na área de concentração em ciência política. Atualmente é professor extra-carreira do Departamento de Gestão Pública (GEP) da Escola de Administração de Empresas da FGV-SP, onde leciona nos cursos de graduação em administração de empresas e administração pública, mestrado e doutorado em administração pública e governo e mestrado profissional em gestão e políticas públicas. Também é professor do curso de relações internacionais da Fundação Santo André e colaborador da ONG Oficina Municipal e da Fundação do Desenvolvimento Administrativo (Fundap). Foi pesquisador do Centro de Estudos da Cultura Contemporânea (Cedec) entre 1993 e 2000. Desenvolve pesquisas sobre governos locais em questões como democracia e participação social, relações entre executivo e legislativo, desenvolvimento socioeconômico local, bem como qualidade de vida e políticas públicas.

Esta obra foi produzida nas
oficinas da Imos Gráfica e Editora na
cidade do Rio de Janeiro